Volker Hoffmann

Das professionelle 1x1
Überzeugend Vorträge halten

Cornelsen

Die Deutsche Bibliothek – CIP-Einheitsaufnahme

Ein Titeldatensatz für diese Publikation ist
bei Der Deutschen Bibliothek erhältlich.

Verlagsredaktion: Ralf Boden
Layout und technische Umsetzung: Theo Spangenberg, Neunkirchen
Umschlaggestaltung: Bauer + Möhring grafikdesign, Berlin

 http://www.cornelsen.de

1. Auflage   Druck 4 3 2 1   Jahr 05 04 03 02

© 2002 Cornelsen Verlag, Berlin
Das Werk und seine Teile sind urheberrechtlich geschützt.
Jede Verwertung in anderen als den gesetzlich zugelassenen Fällen
bedarf deshalb der vorherigen schriftlichen Einwilligung des Verlages.

Druck: Lengericher Handelsdruckerei, Lengerich/Westfalen

ISBN 3-464-49085-8

Bestellnummer 490858

 Gedruckt auf säurefreiem Papier,
umweltschonend hergestellt aus chlorfrei gebleichten Faserstoffen.

ZUM AUTOR

Der Autor, Volker Hoffmann, studierte Betriebswirtschaft mit Schwerpunkt Kommunikation in Köln. Er sammelte Erfahrungen mit angewandter Kommunikation in einer internationalen Marketing-Agentur und anschließend als Führungskraft in der Wirtschaft. Nach Weiterbildungen in den Bereichen Persönlichkeitsentwicklung, Kommunikations- und Managementberatung gründete er zusammen mit Walter Bott das Weiterbildungs-Institut Wortkraft-Seminare (www.wortkraft.de).

Er ist tätig als Berater, Seminarleiter, Coach und freier Dozent. Seine Schwerpunkte liegen im Bereich persönlichkeitsorientierter Seminare zu Rhetorik, Präsentation und Kommunikation; außerdem unterstützt er Unternehmen und Menschen bei der Teamentwicklung und Konfliktermöglichung.

Geleitwort

Die Kunst der freien Rede ist vermutlich älter als die Schrift. Seit uralten Zeiten wurde die mündliche Mitteilung genutzt zur Verständigung, zum Durchsetzen von Absichten und zum Ausdruck von Befindlichkeit.

Auch Lehrbücher gibt es viele. Die meisten sind eher »Leerbücher«, weil sie etwas versprechen, was sie nicht halten können. Sie können keinen neuen Redner schaffen. Denn die freie Rede ist Ausdruck der Person und der Umstände. Und beides ist durch das Lesen von noch so guten Lehrbüchern kaum beeinflussbar.

Doch was gute Lehrbücher können, ist, den Redner an seine eigenen Fertigkeiten und Fähigkeiten zu erinnern und zu wirksamen Haltungen zu ermutigen. Beides gelingt in dem vorliegenden Buch. Volker Hoffmann führt seine Leserinnen und Leser in eindringlicher Sprache an die Grundlagen der freien Rede heran. Ich habe alles Wichtige dort gefunden. Insofern ist dies ein gutes Lehrbuch.

Auch kenne ich den Autor persönlich. Als Teilnehmer in einem seiner Rhetorikseminare erfuhr ich, dass Volker Hoffmann das vorlebt, was er lehrt.

Was für die Leserinnen und Leser noch zu tun bleibt:
- Anknüpfen an eigene Fertigkeiten und Fähigkeiten und diese weiterentwickeln,
- Ausprobieren in immer wichtigeren Situationen,
- Aufnehmen von Kritik und
- Üben, Üben, Üben.

Kunst kommt von Können. Und Können ist Ergebnis von Üben.

Das Buch ermutigt zur Steigerung des eigenen Könnens. Am wichtigsten ist mir jedoch der Hinweis des Autors, sich dabei selber treu zu bleiben.

im Frühjahr 2002   *Dr. päd. Volker Buddrus*
                     Konflikt- und Kommunikationstrainer in der Wirtschaft
                     und im Auftrag der Vereinten Nationen

Vorwort

»... im Anfang war das Wort – es war kraftvoll und es war gut. Viel später kamen die Schönredner; sie stahlen den Menschen das Wort und beanspruchten es alleine für sich. Schließlich, auf den letzten Metern der Schöpfung, starb das lebendige Wort, unbemerkt, unter einem Berg von Folien und im Lichtstrahl eines Beamers ...«

Welches Wort von John F. Kennedy klingt Ihnen im Ohr? – Haben Sie ein Bild von Martin Luther King vor Augen? – Was machte die Worte von Nelson Mandela unsterblich?

Menschen, die in ihrer Fülle waren, die überzeugt von ihrer Sache und von ihrem Weg waren. Menschen, die nicht nur reden wollten, sondern die aus sich heraus reden mussten. Es bedarf des lebendigen Menschen, des ganzen Menschen, um andere wirlich zu überzeugen: in seiner Ausdruckskraft, in seiner Überzeugungskraft ... mit Verstand, Herz und Bauch.

Dieses Buch soll Sie ermutigen, Ihre eigene Wortkraft zu entdecken. Es soll Sie inspirieren, Ihre natürliche Lebendigkeit auch in Ihre Vorträge fließen zu lassen. Und es wird Ihnen leichte und gehbare Wege aufzeigen, wie Sie Schritt für Schritt Ihre Ausstrahlung und Überzeugungskraft stärken.

Schließlich, das ist wichtig: Es liegt dabei größter Wert darauf, dass Sie auf diesem Weg des persönlichen Wachstums stets sich selbst treu bleiben. Unabhängig, ob Sie im ersten Kapitel Anregungen zur Stärkung Ihrer Grundstabilität und Ausdruckskraft erhalten, ob Sie im zweiten Kapitel überzeugende Sprache üben oder ob Sie im dritten und letzten Teil Erkenntnisse über den wirklich sinnvollen Einsatz von Präsentationsmedien erfahren.

Overath/Köln, im Frühjahr 2002　　　　　　　　　　　　　　　　*Volker Hoffmann*

Inhaltsverzeichnis

Einleitung: Was taugt das Lesen zum Sprechen lernen? 9

Wie ist der Aufbau dieses Buches? 9

Teil A Der Mensch

1 Ausstrahlung und Überzeugungskraft 12
- 1.1 Sprechen ist Selbstausdruck .. 12
- 1.2 Das Feuer der Leidenschaft ... 13
- 1.3 Schwingung und Resonanz ... 14
- 1.4 Drei Ebenen der Überzeugung.. 15
- 1.5 Energiefluss 17
- 1.6 Glaubwürdigkeit 19
- 1.7 Innere und äußere Klarheit ... 20

2 Körperausdruck und Körpersprache 22
- 2.1 Ist die Körpersprache beherrschbar? 22
- 2.2 Worum geht es wirklich? 23
- 2.3 Was können Sie konkret tun?.. 24

3 Lampenfieber 29
- 3.1 Wie entsteht Lampenfieber? ... 29
- 3.2 Wie wirkt Lampenfieber? 31
- 3.3 Sekt oder Selters – welcher Lampenfieber-Typ sind Sie? ... 32
- 3.4 Was können Sie gegen Lampenfieber tun? 34
- 3.5 Sieben weitere Tipps zum Abbau von Lampenfieber 40
- 3.6 Das schwarze Loch – Blackout . 41

4 Persönliche Entwicklung ... 43
- 4.1 Die Geschichte von den Samurai 44
- 4.2 Überzeugungssysteme und Glaubenssätze 46
- 4.3 Heimathafen und Wachstumsschritte 48
- 4.4 Die Willensskala 51

5 Grundübungen zur Entspannung und Selbstsicherheit 52
- 5.1 Standfest wie ein Baum – Gleichgewicht und Erdung ... 52
- 5.2 Positive Visualisierung – Innere Erfolgserlebnisse 55
- 5.3 Muskelentspannung – Ich kann loslassen 59

Teil B Der Vortrag

1 Vorbereitung 63
- 1.1 Zielsetzung 64
- 1.2 Zielgruppe 66
- 1.3 Inhaltliche Vorbereitung 68
- 1.4 Die 5-Wochen-, 5-Tage-, 5-Minuten-Regel 70
- 1.5 Beispiel: Stegreif-Rede 70

2 Einleitung eines Vortrags .. 73
- 2.1 Begrüßung 74
- 2.2 Freude ausdrücken 74
- 2.3 Persönliche Vorstellung 75
- 2.4 Tipps für einen gelungenen Einstieg 75
- 2.5 Das verbale Lasso weit schwingen............ 76

3	**STRUKTUR UND ARGUMENTATION**		**78**
3.1	Gesamtdramaturgie: Der »Bäng-Effekt«		78
3.2	Argumentations-Strukturen		79
3.3	Kurzbeispiele		84
3.4	Weitere Tipps zur Argumentation		86
3.5	Der Aufbau von längeren Vorträgen		89
4	**ABSCHLUSS EINES VORTRAGS**		**95**
4.1	Auf den Punkt bringen		95
4.2	Ebenbürtige Haltung		95
4.3	Dank oder nicht?		97
5	**RHETORISCHE KOMPETENZ**		**98**
5.1	Es ging um Leben oder Tod		98
5.2	Direkte Zuhöreransprache		99
5.3	Zwanzig Regeln für eine lebendige und kraftvolle Sprache		105
	Regel 1:	Überflüssige Worte streichen!	106
	Regel 2:	Kurze Worte bevorzugen!	106
	Regel 3:	Konkrete Worte wählen!	106
	Regel 4:	Bildfähige Formulierungen anbieten!	107
	Regel 5:	Kraftworte zulassen!	108
	Regel 6:	Fachsprache reduzieren!	109
	Regel 7:	Eingerostete Worte sprengen!	110
	Regel 8:	Verben bevorzugen!	111
	Regel 9:	Worteinheiten gestalten!	111
	Regel 10:	Kurze Sätze formen!	111
	Regel 11:	Schachtelsätze vermeiden!	112
	Regel 12:	Bilderwelten malen!	113
	Regel 13:	Geschichten erzählen!	114
	Regel 14:	Lupe benutzen!	115
	Regel 15:	Zitate einstreuen!	117
	Regel 16:	Natürlich sprechen!	117
	Regel 17:	Kiefer lockern!	119
	Regel 18:	Sprechpausen zulassen!	120
	Regel 19:	Kraftvoll steigern!	121
	Regel 20:	Stimmungen wechseln!	123
6	**UMGANG MIT EINWÄNDEN UND WIDERSTAND**		**124**
6.1	Die angemessene innere Haltung bei äußerem Widerstand		124
6.2	Kritik ist nicht immer gleich Kritik		127
6.3	Erste Eskalationsstufe: Fragen und Zwischenrufe		128
6.4	Zweite Eskalationsstufe: Einwände und Kritik		129
6.5	Dritte Eskalationsstufe: Widerstand und Angriffe		133
7	**EIN MANUSKRIPT ERSTELLEN**		**140**
7.1	Was Sie vorab wissen sollten		140
7.2	Ausformuliertes Textmanuskript		140
7.3	Karteikarten		141
7.4	Strukturplan		142
7.5	Erstellung eines Strukturplans		142
8	**TEAMVORTRÄGE**		**145**
8.1	Klare Rollenverteilung		145
8.2	Transparenz der Rollen		146

8.3	Abläufe und Übergänge 147		4	**TECHNIK – KONTROLLE STATT VERTRAUEN** **163**
8.4	Unterstützendes Verhalten ... 147			
8.5	Umgang mit Unstimmigkeiten 148		5	Rahmenplanung und Organisation 165
			5.1	Checkliste Zeitrahmen 166
9	**UMGANG MIT PLEITEN, PECH UND PEINLICHKEITEN** **148**		5.2	Checkliste Raumplanung 167
			5.3	Checkliste Technische Ausstattung 168
9.1	Verzögerungen 149			
9.2	Technische Pannen 149		5.4	Checkliste Material 168
9.3	Das Timing stimmt nicht 150			
9.4	Inhalte stimmen nicht 150		**6**	**TEILNEHMERUNTERLAGEN ERSTELLEN** **169**
9.5	Hängenbleiber 151			
9.6	Blackout 151		6.1	Inhaltliche Gestaltung 169
9.7	Störungen 152		6.2	Richtiger Einsatz von Teilnehmerunterlagen 170
9.8	Nebengespräche 153			
9.9	Es entsteht eine offene Diskussion 154			Abschließende Gedanken 172

TEIL C DER MEDIENEINSATZ

Weiterführende
Literaturhinweise 173

1	**VOM SINN UND UNSINN DES MEDIENEINSATZES** **156**	Stichwortverzeichnis 174
1.1	Nutzen und Grenzen 156	
1.2	Ziele der Visualisierung 157	
2	**ZUSAMMENSPIEL VON MENSCH UND TECHNIK** **158**	
2.1	Wort und Bild 158	
2.2	Blick und Bild 159	
3	**MEDIENAUSWAHL UND GESTALTUNG** **160**	
3.1	Auswahlkriterien für Präsentationsmedien 160	
3.2	Gestaltung 162	

EINLEITUNG

EINLEITUNG: WAS TAUGT DAS LESEN ZUM SPRECHEN LERNEN?

Reden kann praktisch jeder – und das ist gut. Reden lernt der Mensch noch bevor er mit Messer und Gabel essen kann. Allerdings: »In der Öffentlichkeit reden« gehört laut einer aktuellen repräsentativen Umfrage zu den drei größten Ängsten – und das ist schlecht. Denn die Befähigung, andere Menschen durch Worte nachhaltig zu überzeugen, zählt zu den wichtigsten Eigenschaften erfolgreicher Menschen.

Andere Menschen zu überzeugen, zählt zu den wichtigsten Eigenschaften erfolgreicher Menschen

Wenn Sie es schaffen wollen, vor 10 oder 100 Menschen so sicher zu sprechen wie mit drei guten Freunden bei einem gemütlichen Glas Wein – mit Sicherheit, Witz und dem unbeirrbaren Feuer der Überzeugung – dann kann dieses Buch Ihnen die richtigen Türen öffnen.

Freilich: Durchgehen müssen Sie alleine! – Wenn Sie keine Gelegenheiten suchen und mutig Neues ausprobieren, dann taugt ein Buch über die Kunst des Redens genauso viel wie ein Fernstudium übers Autofahren: herzlich wenig.

Wenn Sie allerdings die vielen praxiserprobten Erfahrungen und Tipps beherzigen, wenn Sie an sich glauben und Ihren Mut und auch Ihre Angst wie Schätze bewusst vor sich hertragen, wenn Sie auf die Bühne treten, dann finden Sie in diesem Werk gutes Rüstzeug.

Wie ist der Aufbau dieses Buches?

Wenn Sie einmal an die Vorträge oder Präsentationen zurückdenken, die Sie in der letzten Zeit genossen oder die Sie über sich ergehen haben lassen müssen – und Sie überlegen, wie diese positive oder negative Wirkung auf Sie zustande kam, so können Sie grundsätzlich drei Faktoren unterscheiden:

Da ist zunächst der Mensch, welcher vor Ihnen präsentiert. War er Ihnen sympathisch, wirkte er überzeugt oder war er sehr nervös und versuchte er vielleicht, diese Nervosität zu überspielen?

Zweitens: Was hat er Ihnen präsentiert und wie hat er diesen Vortrag gestaltet? Hat er Sie persönlich angesprochen, konnte er Sie durch seine Sprache und durch seine Beispiele für sein Anliegen interessieren, wurden Sie informiert und gleichzeitig dabei unterhalten, wie kompetent war er in seinem Vortragsstil?

Und schließlich drittens: Wie war das ganze »Drumherum«, wurden die gesprochenen Inhalte sinnvoll durch Zeichnungen auf dem Flipchart, durch Folien oder Beamerprojektionen unterstützt? Oder wurden Sie vielleicht durch eine Folien- und Zahlenschlacht erschlagen?

Drei Faktoren beeinflussen die Gesamtwirkung

Letztendlich können die Einflussfaktoren also auf drei Kernpunkte gebracht werden:

- DER MENSCH,
  mit seiner persönlichen Ausstrahlung und Überzeugungskraft, in seiner Grundstabilität und Sicherheit und mit all seiner Individualität.

- DER VORTRAG,
  mit einer klaren Struktur, mit rhetorischer Kompetenz und einer guten Zuhöreransprache.

- DER MEDIENEINSATZ,
  zielgerichtet und sinnvoll, optimal eingebunden in die organisatorische Gesamtvorbereitung.

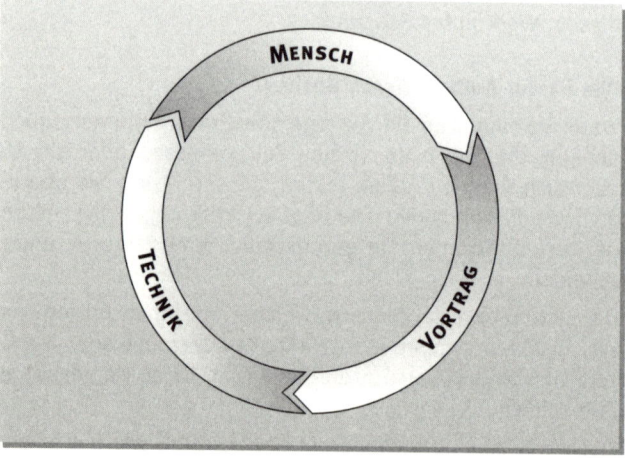

Abb. 1: *Das stimmige Zusammenspiel entscheidet über den Erfolg*

Einleitung

Genau diese drei Faktoren bilden die Gliederung dieses Buches.

Wenn Sie also dieses Buch ungeduldig in die Hand genommen haben, weil Sie noch einen gelungenen Einstieg für Ihren morgigen Vortrag suchen, beginnen Sie einfach mit dem zweiten Hauptkapitel. Wenn Sie allerdings erfahren wollen, was die Quelle der persönlichen Ausstrahlungskraft ist, geniessen Sie die ersten Seiten.

| **Teil A** | **Der Mensch** |

1 Ausstrahlung und Überzeugungskraft

Sie erhalten in diesem Kapitel ...

... Anregungen darauf zu schauen, dass überzeugende Vorträge mehr sind als die Anwendung rhetorischer Werkzeuge. Sie erfahren Wesentliches über die Hintergründe und Wirkweisen von Ausstrahlung und Überzeugungskraft. Vielleicht erhalten Sie sogar eine Idee davon, welches persönliche Potenzial auch in Ihnen ruht.

1.1 Sprechen ist Selbstausdruck

Sprechen ist Ausdruck der eigenen Persönlichkeit

Sprechen ist Ausdruck der eigenen Persönlichkeit. Nur was innerlich an Klarheit, Sicherheit und Überzeugung vorhanden ist, kann auch glaubwürdig nach außen dargestellt werden und entsprechende Resonanzen hervorrufen.

Wenn Sie Ihr inneres Feuer entfachen, wird der Funke auf Ihr Publikum überspringen. Um diesen Funkenflug zu ermöglichen, ist es nötig, sich mit der Quelle der eigenen Überzeugungskraft rückzuverbinden.

Zusätzlich muss der Redefluss kanalisiert werden, sodass ihre Zuhörer Ihnen folgen können und wollen, er muss deren Bedürfnisse wecken und Bezug zu Ihrer Lebenswelt haben.

Erst die Verbindung der inneren Haltung und rhetorischer Werkzeuge führt zu Ausstrahlung und Überzeugungskraft.

Und – das ist noch wichtiger – dass Sie in Ihrer eigenen Überzeugung als lebendiges Beispiel auftreten. Menschen streben nach Nachahmung und wenn es wirklich ankommt, dass Sie hinter dem stehen, was Sie sagen, gibt es eine Chance,

Sprechen ist Selbstausdruck

dass hierdurch bei Ihrem Publikum ein Überzeugungsprozess angeregt wird.

Auf den Punkt gebracht:

> Die Grundvoraussetzungen, um andere Menschen zu überzeugen, sind:
> - die Überzeugung, dass das, was Sie vortragen, wichtig und richtig ist,
> - die Überzeugung, dass Sie der richtige Mensch sind, um dieses Thema vorzutragen.

Folgende Leitfragen können Sie dabei unterstützen:
- Was ist das Besondere am Inhalt Ihres Vortrags?
- Welche Vorteile haben Ihre Zuhörer, wenn sie Ihre Empfehlungen befolgen?
- Und vor allem, was überzeugt und begeistert Sie persönlich an dem, was Sie weitergeben?

Je mehr und je trifftigere Antworten Sie für sich auf diese Fragen finden, desto eher können Sie ein Gefühl dafür entwickeln, dass Sie die richtige Frau bzw. der richtige Mann am richtigen Ort sind.

1.2 Das Feuer der Leidenschaft

»Wes das Herz voll ist, des geht der Mund über.«
(Matthäus 12, 34)

Ich erlebte einmal einen Menschen, der mitten am ersten Tag eines Rhetorik-Seminars die Gruppe verlassen musste, weil seine 16-jährige Tochter wegen angeblicher »massiver und gefährdender Verhaltensauffälligkeiten« in eine psychologische Anstalt zwangseingewiesen wurde.

Gegen alle Anratungen kam dieser Mann trotzdem am zweiten Tag wieder in das Seminar. Das Thema, das gerade behandelt wurde, war Überzeugungskraft. Es dauerte keine zehn Minuten, bis er vorne stand und einen flammenden Vortrag hielt; einen Vortrag, mit aller Wut und Verzweiflung über die Situation und über die Erlebnisse, die er in den letz-

Authentizität ist stärker als rhetorische Werkzeuge

ten 24 Stunden hatte. Er benutzte keine aufwändigen rhetorischen Redewendungen und keine geschliffenen Formulierungen. Trotzdem war dies einer der bewegendsten und überzeugendsten Vorträge, die ich jemals gehört habe. Lange Zeit herrschte betroffenes Schweigen in der Gruppe.

Dieser Mensch war persönlich so tief getroffen von dem, was ihm widerfahren war, dass es geradezu aus ihm heraussprudelte. Er musste einfach sprechen und all das, was aus ihm herausbrach, versetzte die Zuhörergruppe in eine ähnliche Stimmung.

Das Feuer der Leidenschaft steckt in jedem Menschen – wenn Sie es sich erlauben, Ihre eigene Wut oder Ihre Begeisterung herauszulassen, dann werden Ihre Worte starke Worte und Ihre Vorträge kraftvolle Vorträge.

1.3 Schwingung und Resonanz

Innere Überzeugung ist die Voraussetzung für äußere Überzeugungskraft

Innere Überzeugung ist die Voraussetzung für äußere Überzeugungskraft. Es verhält sich hiermit genau wie mit Schwingung und Resonanz – das, was in Ihnen schwingt, kann auch bei Ihren Zuhörern eine entsprechende Resonanz hervorrufen. Es heißt: »*Wenn Du den Menschen zum Weinen bringen willst, so weine diese Tränen selbst zuerst!*« – nicht als Schauspieler, sondern aus echter Betroffenheit heraus.

sich mit den eigenen Gefühlen verbinden

Es geht darum, sich selbst zu zeigen – die eigene Betroffenheit, die eigene Freude oder auch den eigenen Ärger. Übrigens sind Sie dann wiederum nicht so weit entfernt von wirklich guten Schauspielern. Sie als Zuschauer merken es sofort, ob jemand nur eine Rolle spielt oder ob er sich wirklich mit dem Charakter verbindet. Beispielsweise so wie ein Robert de Niro, der für neue Rollen monatelange Milieustudien betreibt, sich mit Menschen trifft, die in ähnlichen wie den darzustellenden Situationen sind und so Zugang zu den Gefühlen findet, die er dann selbst empfindet und vor der Kamera ausdrückt.

Wenn Sie andere Menschen überzeugen wollen, dann ist es Ihre Aufgabe, dass Sie sich mit Ihren Gefühlen verbinden, die Sie zu dem Thema haben und diese in aller Echtheit und mit angemessenem Ausdruck Ihrem Publikum zeigen.

Manchmal gelingt Menschen der Durchbruch, wenn sie völlig unabhängig von ihrer Funktion oder ihrer Aufgabe über das sprechen dürfen, worin sie leidenschaftlich aufgehen oder auch über das, was sie auf den Tod nicht ausstehen können. Ich habe Menschen gesehen, die plötzlich wie eine Rakete, bei der ein zweites Schubwerk zugeschaltet wird, von einem rein verkopften Vortrag in eine begeisternde und bewegende Sprache durchgebrochen sind.

Die Kunst besteht nun darin, diese Begeisterungsfähigkeit für persönliche Themen auf berufliche und fachliche Vorträge zu übertragen. Wie bereits gesagt – Sie müssen hierzu nichts Neues lernen. Es handelt sich vielmehr um einen Transferprozess. Das ist zum Glück leichter, als etwas Neues zu lernen.

die persönliche Begeisterungsfähigkeit auf berufliche und fachliche Themen übertragen

Was kann Ihnen dabei helfen?

1.4 Drei Ebenen der Überzeugung

»*Nur wer die Herzen bewegt, bewegt die Welt.*«
(Ernst Wiechert)

Vielleicht haben Sie es auch schon einmal erlebt, dass Sie als Teilnehmer eines Vortrags oder einer Präsentation mit Daten und Fakten regelrecht vollgestopft wurden. In der Tat ist es ein Ziel, Sachinhalte und Informationen zu vermitteln (Vernunft-Ebene). Wenn Sie allerdings als Referent auf dieser Ebene hängen bleiben, fehlt am Ende die emotionale Überzeugungskraft.

Ein guter Vortrag sollte drei Ebenen ansprechen …

… Vernunft-Ebene

Erst wenn Sie auch die nächste Ebene – das Gefühl – Ihrer Zuhörer ansprechen, schaffen Sie eine emotionale Einbindung und erreichen idealerweise sogar eine positive Haltung zu den neuen Inhalten (Gefühls-Ebene). Ausschlaggebend hierfür ist, dass Sie selbst spüren, welches Gefühl Sie zu dem haben, was Sie gerade sprechen.

… Gefühls-Ebene

Und schließlich ist die Ansprache einer dritten Ebene erforderlich: Dass Sie vor Ihren Zuhörern nicht nur als austauschbarer Informationsvermittler, sondern wirklich als individuelle Persönlichkeit auftreten und sie idealerweise auch auf dieser Ebene betroffen machen (Identitäts-Ebene). Nur auf dieser tieferen Ebene erreichen Sie die Bereitschaft von Men-

… Identitäts-Ebene

Ausstrahlung und Überzeugungskraft

schen nicht nur passiv zuzuhören, sondern auch aktiv zu handeln.

Wer nachhaltig überzeugen will, muss also bei seinen Zuhörern drei Ebenen ansprechen:

- VERNUNFT (Kopf)
- GEFÜHL (Herz)
- IDENTITÄT (Bauch)

Nur was Sie in Schwingung setzen, kann auch Resonanz zeigen

Vor allen Dingen die Ansprache der Identitätsebene unterliegt dem Prinzip von Schwingung und Resonanz. Nur wenn Sie selbst von Ihrem Anliegen überzeugt sind, können auch Ihre Zuhörerinnen und Zuhörer davon überzeugt werden.

Die Beantwortung folgender Fragen kann Sie unterstützen, Zugang zu Ihrer eigenen tiefer liegenden, starken Überzeugungs- und Ausstrahlungskraft zu kommen. Erst, wenn Sie deutliche Antworten auf diese Fragen gefunden haben, sollten Sie auf die Bühne vor Ihr Publikum treten. Es lohnt sich, diese Zeit in Ihre innere Überzeugungsarbeit zu investieren.

Drei Ebenen der Überzeugung:

- VERNUNFT-EBENE
  Was weiß ich über das Produkt, Konzept oder Thema, über das ich spreche?
  ➡ *Daten und Fakten*
- GEFÜHLS-EBENE
  Was empfinde ich dazu?
  ➡ *Freude, Wut, Trauer oder Angst*
- IDENTITÄTS-EBENE
  Was hat das Ganze mit mir zu tun?
  ➡ *Inhalte und Bestandteile meines Vortrags, mit denen ich mich identifizieren kann*

Dies ist in keiner Weise ein Appell, die Bauchebene über die Kopfebene zu stellen. Dies geschieht zur Genüge an Stammtischen und hat dort auch seinen guten Platz und in Ihren Vorträgen nichts zu suchen.

Dies ist aber auch kein Appell, Gefühle über Ihren Sachverstand zu erheben.

Drei ebenen der Überzeugung

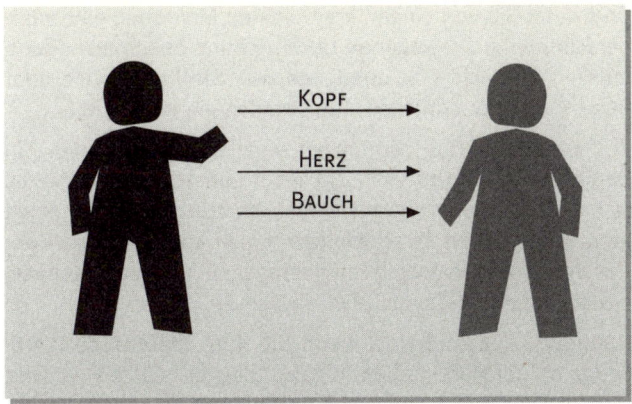

Abb. 1: Überzeugung auf drei Ebenen

Das Ziel ist vielmehr die Integration aller Ebenen. So wie am Stammtisch manchmal das Herz und des Öfteren der Verstand ins Abseits gerät, so geraten manchmal bei so genannten Fachvorträgen die eigene Emotion und das Feuer der Begeisterung ins Hintertreffen.

Doch wo kein Feuer brennt, kann auch der Funke nicht überspringen.

Wo kein Feuer brennt, kann auch der Funke nicht überspringen

1.5 Energiefluss

*»Ich kann nicht. Wir sagen das so gerne.
Ich kann nicht. Es ist nie wahr.«*
(Paul Williams)

Und sagen Sie jetzt nicht, Sie können das nicht. Wenn Sie in einer Situation sind, in der es lebensnotwendig ist, andere Menschen zu überzeugen, z. B. wenn ein guter Freund von Ihnen verletzt wurde und Sie jemanden überzeugen müssen, für ihn jetzt sofort einen Krankenwagen zu rufen, dann werden Sie dies um jeden Preis schaffen.

Wenn Sie so wütend auf jemanden sind, dass es Ihnen egal ist, wie sich das Verhältnis zu diesem Menschen entwickelt, dann werden Sie es auch schaffen, diesem Menschen deutlich und klar zu sagen, wie sauer Sie sind.

Ausstrahlung und Überzeugungskraft

Das, worum es geht, können Sie bereits

Und wenn Sie von einem Ihrer liebsten Menschen eine wunderschöne, herzbewegende Überraschung bekommen, dann müssen Sie nicht erst überlegen, wie Sie Ihre Freude oder Begeisterung ausdrücken; Sie strahlen sie einfach aus.

Das bedeutet: Das, worum es wirklich geht, können Sie bereits! – Allerdings vielleicht nicht immer dort, wo Sie es sich wünschen oder dann, wenn es um »trockenere« Themen geht. Natürlich ist es schwieriger, einen konservativen Kunden von einer kreativen Werbekampagne zu überzeugen, als einen Hungrigen davon, etwas zu essen.

Natürlich ist es hilfreich, wenn Sie gute rhetorische Werkzeuge an der Hand haben, die Ihr Anliegen stützen – davon erhalten Sie reichlich im zweiten Hauptkapitel. Allerdings ist es genauso wichtig, das einzubringen, was manchmal auf dem langen Weg in das Berufsleben verschüttet wurde. Das, was Sie im Kindesalter vielleicht noch völlig uneingeschränkt hatten und heute, wie oben beschrieben, nur noch in manchen Situationen haben: Ihre ganz uneingeschränkte Überzeugung, letztendlich – Ihre eigene Authentizität und Identität.

Wie kommt es zu diesem Verlust? – Viele Menschen müssen im Laufe ihres Lebens Sätze hören wie diese: »*Nimm Dich doch nicht so wichtig!*«, »*Halte Dich mal zurück!*«, »*Nun blase Dich doch nicht so auf!*« etc.

Und dann, irgendwann, sind Sie Abteilungsleiter, Projektleiter, Manager – werden nach vorne auf die große Bühne geschickt mit den wohlwollenden Worten: »*Nun kommen Sie doch mal so richtig aus sich heraus*«. Mancher, der sich die obigen Lehrsätze zu Herzen genommen hat, kann diesen Sprung dann nicht sofort vollziehen, was auch kein Wunder ist.

die eigene starke Energie wieder freisetzen

Es geht nun nicht darum, jetzt künstlich irgendetwas zu bewegen, es geht darum, Schritt für Schritt die eigene starke Energie wieder freizusetzen. Die Energie, die als Kind da war, wenn Sie auf den Stuhl gestiegen sind, die Arme in die Luft gestreckt und gerufen haben: »Schaut mal, wie groß ich bin!« Natürlich verbunden mit all der Fachkompetenz, die Sie von Ihrem kindlichen Erlebnis auf dem Stuhl bis zu Ihrem Schritt auf die Präsentationsbühne sammeln konnten.

ENERGIEFLUSS

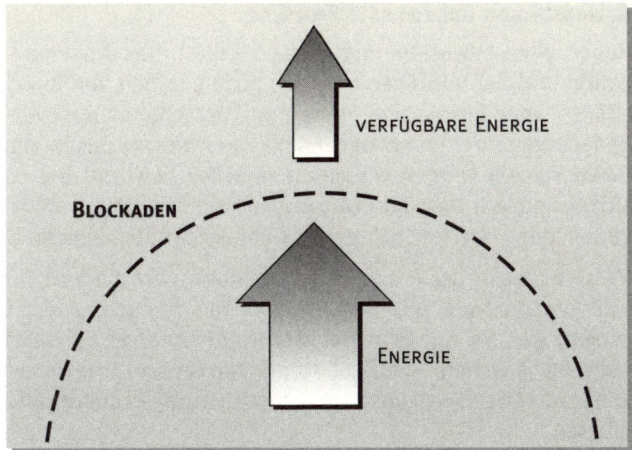

Abb. 2: Blockierter Energiefluss

Sie werden in diesem Buch viele Hilfestellungen dazu erhalten wie Sie

- Angst überwinden,
- grundsätzlich an Ihrer Selbstsicherheit arbeiten können und
- immer freier und lebendiger in Ihrer Sprache werden.

1.6 Glaubwürdigkeit

Wenn Sie sich vor Augen führen, wie absurd es manchmal wirkt, wenn ein Mensch versucht, einen ganz offensichtlichen Missstand mit schönen Worten wegzureden, bekommen Sie eine Idee davon, was ganzheitliche Kommunikation bedeutet.

Der Empfänger nimmt viel mehr wahr, als nur das, was gesprochen wird. Gerade dann, wenn jemand so offensichtlich bemüht ist etwas zu überdecken oder zu umgehen, fällt Ihnen das natürlich auf. Und selbst, wenn Sie relativ geschickt getäuscht werden, bleibt nach solchen Situationen häufig ein eher unbewusstes schräges Gefühl von Unstimmigkeit zurück. Ihr Kopf sagt Ihnen dann zwar, »Ja, das klingt alles logisch«, aber Ihr Bauch sagt, »Irgend etwas stimmt da nicht«.

AUSSTRAHLUNG UND ÜBERZEUGUNGSKRAFT

Bewusste und unbewusste Prozesse

Neben allen bewussten Signalen, die Sie in der Kommunikation und bei Vorträgen von sich geben, gehen von Ihnen ebenso viele unbewusste Signale und Botschaften aus: Veränderungen Ihrer Stimmlage, Mimik, unbewusste Gestik etc. Diese Signale werden wiederum zum Teil bewusst und zu einem anderen Teil unbewusst von Ihrem Publikum wahrgenommen – letztendlich geht es immer um Stimmigkeit.

Meistens ist in der Praxis eine Mischform vorzufinden: Ein Teil von dem, was Sie vortragen, wird klar und überzeugend wirken, weil Sie voll dahinter stehen. Ein anderer Teil wird kritischer gesehen. Vielleicht stehen Sie selbst nicht immer ganz hinter dem, was Sie da manchmal vortragen sollen oder müssen.

Verkaufen Sie keine 100 Prozent, wenn Sie keine 100 Prozent haben

Daraus folgt: Verkaufen Sie keine 100 Prozent, wenn Sie keine 100 Prozent haben. Wenn 80 Prozent von dem, was Sie zu bieten haben, gut und 20 Prozent nicht gut sind, dann setzen Sie auf die 80 Prozent und vernachlässigen Sie den Rest oder besser sogar noch, stellen Sie die nicht so guten 20 Prozent ebenso offen in den Raum. Bestimmt kaufen auch Sie lieber bei einem Menschen, der Ihnen ehrlich die Vorteile und auch Nachteile seiner Waren sagt.

SIE KÖNNEN IHRE ZUHÖRER QUASI ALS LÜGENDETEKTOREN BETRACHTEN, DIE SIE NICHT BETRÜGEN KÖNNEN.

Sie können sich selbst dadurch viel Druck nehmen – und Ihr Publikum wird es Ihnen danken.

1.7 Innere und äußere Klarheit

»Hast Du nach innen das Mögliche getan,
gestaltet sich das Äußere von selbst.«
(JOHANN WOLFGANG VON GOETHE)

Schon so mancher Redner hat sich im inneren Nebel verirrt. Egal, ob Sie ein schwieriges Kundengespräch führen, eine gewagte Gehaltsforderung durchsetzen wollen oder einen

Innere und äussere Klarheit

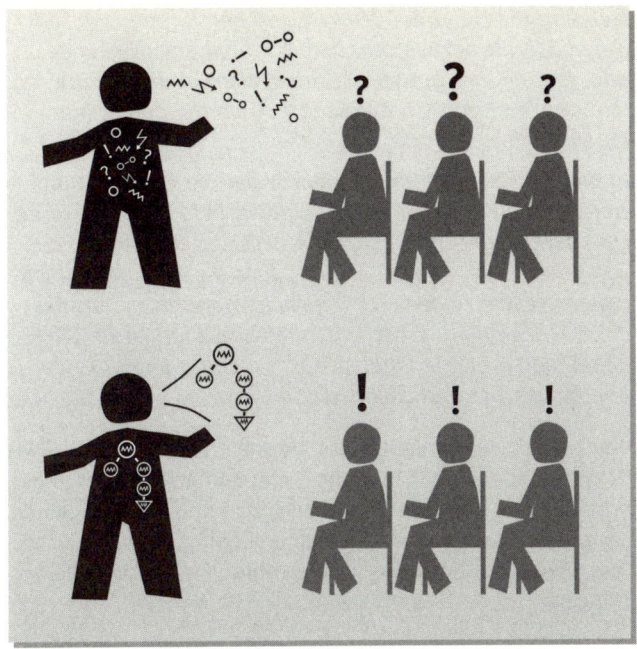

Abb. 3: »Wie innen so außen«

Vortrag vor einem Publikum halten: Innere Klarheit ist dabei die Grundvoraussetzung für äußere Klarheit.

Wenn Sie wollen, dass die Menschen nach Ihrem Vortrag oder Ihrer Präsentation hinausgehen und klar wissen, was sie zu tun oder zu lassen haben, für was sie sich einsetzen oder wogegen sie kämpfen sollen, dann ist es Ihre Aufgabe, ihnen das klar vor Augen zu führen.

Wie genau Sie einen Vortrag beginnen, strukturieren und beenden, erfahren Sie ausführlich im zweiten Hauptteil »Der Vortrag«. An dieser Stelle geht es zunächst darum, ein Bewusstsein zu entwickeln, wie klar und entschieden Sie wirklich in die »Redeschlacht« ziehen.

Es wird erzählt ...

... dass es, wenn früher die Samurai in die Schlacht gezogen sind und sie ihrem Feind Auge in Auge gegenüber-

Innere Klarheit ist die Grundvoraussetzung für äußere Klarheit

Ausstrahlung und Überzeugungskraft

standen, die Hand am Schwert und bereit, nun zum tödlichen Schnitt anzusetzen, den Bruchteil einer Sekunde gab, in dem ihre ganze Entschiedenheit in ihrem Blick lag. Ihre ganze Klarheit, die aussagte: »Ich bin bereit, hier durchzugehen, komme was wolle – auf Leben oder Tod.«

In diesem Bruchteil einer Sekunde fiel die Entscheidung, wer als Sieger aus dieser Begegnung herausgehen würde: Der, der mit größter Entschiedenheit und Klarheit an die Tat gehen wird. Es wird erzählt, dass die Samurai manchmal in diesem Augenblick innehielten und dass der, der die Überlegenheit, Entschiedenheit und Klarheit im Blick des Anderen anerkannte, sich zurückzog, ohne dass es überhaupt zum tödlichen Gefecht kam.

Wenn auch Sie wollen, dass Ihre Worte entschieden wie Schwerthiebe sind, d. h. in der Lage, bei Ihren Zuhörern Entscheidungen herbeizuführen und Handlungen einzuleiten, dann können Sie es wie die Samurai halten und vorher prüfen, wie entschieden Sie wirklich sind in dem, was Sie vorbringen.

2 Körperausdruck und Körpersprache

Sie erhalten in diesem Kapitel ...

... umsetzbare Empfehlungen, was Sie in Bezug auf Ihre Körpersprache tun können, und Sie erhalten auch deutliche Hinweise, was Sie von den vielen Empfehlungen zu Körpersprache und Körpersprachentraining lieber lassen sollten.

2.1 Ist die Körpersprache beherrschbar?

Es gibt in der Literatur zahllose Vorschläge und es gibt in Seminaren endlose Anregungen zur Beherrschung von Körpersprache. Ich kenne Menschen, die üben spezielle Gesten, ich kenne Menschen, die lehren, dass es wichtig ist, in Vorträgen Worte einzubauen, die groß sind wie Haus oder Baum, damit eine beeindruckende Gestik entsteht.

Ist die Körpersprache bewusst beherrschbar?

Glauben Sie, Sie könnten die Bewegungen Ihres Körper bewusst steuern, während Sie einen fachlich orientierten Vortrag halten? Diese komplexen Abläufe von Ihrer Augenbraue über Ihren Mund, Ihren Hals, Ihre Oberarme, Unterarme, Finger und Knie bis zu Ihren Zehen usw. in den Griff bekommen? – Ich kann Ihnen versichern: Sie können es nicht. Das wäre genauso, als wollten Sie mit einer Marionette spielen, die 50 Fäden hat und dabei müssten Sie noch ein Lied vom Blatt singen.

Glauben Sie, Sie könnten die Bewegungen Ihres Körper bewusst steuern?

Sie werden sich keine künstliche Gestik aneignen können, die so wirkt wie eine echte.

Die echte Gestik kommt aus dem Körper heraus, sie unterstützt ganz spontan das, was Sie sagen. Wenn Sie eine künstliche Gestik einplanen, dann stimmt vor allem das Timing nicht. Die Wirkung ist ungefähr so wie ein schlecht synchronisierter Hollywoodstreifen, bei dem die Tonspur ein kleines Stück versetzt neben der Bildspur ist. Sie kennen das, im Grunde genommen wirkt alles ganz harmonisch, aber irgendetwas stimmt nicht, auch wenn Sie es nicht genau festmachen können. Genau den gleichen Effekt hat es, wenn Sie künstliche Gesten einsetzen.

Künstliche Gesten wirken wie ein schlecht synchronisierter Film

Die natürliche Gestik hat ein spezielles, natürliches Timing. Normalerweise kommt das gesprochene Wort ungefähr eine halbe Sekunde nach der Gestik. Einfach deswegen, da das Wort aus dem Mund erst eine Form, erst eine Formulierung finden muss und deswegen gewissermaßen einen »Umweg« über das Großhirn nehmen muss, während die Gestik direkt ohne Umwege aus dem Körper kommt.

2.2 Worum geht es wirklich?

»Hier stehe ich und kann nicht anders!«
(Martin Luther)

Eine Anregung, wo der Weg langgeht, haben Sie schon im vorigen Kapitel bekommen, in dem es darum ging, eine Stimmigkeit zwischen innerer Klarheit und äußerer Klarheit zu erlangen, eine Stimmigkeit zwischen innerer Haltung und

Körperausdruck und Körpersprache

äußerer Haltung. Das Wort »Haltung« ist nach meiner Auffassung sehr geeignet, das zu beschreiben, worum es wirklich geht. Die ursprüngliche Bedeutung von »Haltung« ist bei vielen Menschen in Vergessenheit geraten. Bei dem Wort »Haltung« denken heutzutage einige nur noch an die AOK-Rückenschule.

Stimmigkeit von innerer und äußerer Haltung

Dabei hat das Wort »Haltung« eine wunderbare Doppelbedeutung: Es bedeutet zum einen natürlich die *äußere* Haltung: die Art, wie Sie stehen – und es heißt gleichzeitig, eine *innere* Haltung zu haben. Die Haltung nämlich, wie Sie zu dem stehen, was Sie sagen. Die Sprache ist an diesem Punkt nicht nur doppeldeutig, sondern auch sehr wahr.

> WENN SIE EINEN KLAREN, INNEREN STANDPUNKT HABEN, DANN WIRD ER IHNEN HELFEN, AUCH ÄUSSERLICH EINEN GUTEN STAND ZU FINDEN, D.H. EINEN PUNKT, AUF DEM SIE SICHER STEHEN.

Ebenso verhält es sich mit Ihrer Gestik. Wenn Sie in Verbindung mit Ihrer Begeisterungsfähigkeit und Ihrer Kraft sind, dann wird diese Kraft sich auch in Ihrer Körpersprache widerspiegeln. Wenn Sie viel Energie haben, weil Sie spüren, dass das, was Sie zu sagen haben, wichtig ist, dann ist es genau diese Energie, die Ihre Arme bewegt, die Ihre Finger öffnet und die Ihren Kopf sich heben lässt. Es ist die Lebendigkeit, die Ihr Körper Ihnen auf natürliche Weise genau dann schenkt, wenn Sie sie brauchen.

Ihre Lebendigkeit steuert Ihre Körperbewegung

Letztendlich brauchen Sie nichts dazu zu tun. Ihre einzige Aufgabe ist, diesen natürlichen Vorgang nicht zu blockieren, sodass nichts den unwillkürlichen Fluss Ihrer Körperbewegungen unterbindet.

2.3 Was können Sie konkret tun?

Zunächst einmal vergessen Sie im Zweifelsfall alles, was Sie über das »Training« von Körpersprache gelernt haben. Letztendlich gibt es nur drei Grundempfehlungen – die erste betrifft Ihren Stand, die zweite Ihre Gestik und die dritte Ihre Blickausrichtung.

Was können Sie konkret tun?

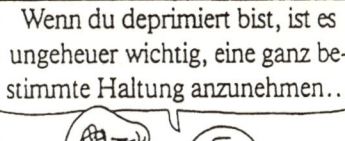

Ihr Stand

Stehen Sie einfach fest und stabil auf beiden Füßen, d.h. ungefähr schulterbreit, die Knie ganz leicht angewinkelt (nicht durchgedrückt!) und beide Beine parallel, d.h. kein so genanntes »Standbein« und »Spielbein«. Die Muskeln in den Oberschenkeln sind neben den Kaumuskeln die stärksten Muskeln, die Sie haben. Wenn Sie gerade und stabil auf beiden Beinen stehen und die Knie nicht durchgedrückt sind, dann ist das genau die natürliche Haltung, in der Ihre Beine ohne Anstrengung Ihren Körper mit seinem gesamten Gewicht tragen können.

Wenn Sie fest auf beiden Beinen stehen, stehen Sie stabil und sind trotzdem nicht starr. Wenn Sie dies einmal ausprobieren, werden Sie feststellen, dass Sie dabei locker in den Knien federn können und Sie können auch den Oberkörper nach links und nach rechts entspannt zur Seite drehen. Trotzdem bleiben Sie standfest und stabil.

Im Grunde ist dies genau die Haltung, die z. B. Kampfsportler einnehmen, wenn sie sicher stehen und gleichzeitig beweglich sein wollen. Dies ist auch die Haltung, die Sänger einnehmen, wenn sie sich »erden«. So bildet ihr Körper einen stabilen und durchlässigen Kanal, durch den wunderbare Töne hindurch fließen. Genau das ist auch Ihre Aufgabe als Redner – gewissermaßen einen Kanal aus Ihrem Körper zu bilden, durch den das, was Sie zu sagen haben, wie aus einer Quelle heraussprudeln kann.

Schließlich, das sei noch gesagt: Das soll natürlich nicht heißen, dass Sie, wenn sie einen halbstündigen Vortrag halten, wie starr und festgenagelt auf der Stelle stehen. Natürlich werden Sie einmal hierhin gehen, einmal dahin gehen, sich vielleicht einmal auf den linken Rand Ihrer imaginären Bühne begeben, einmal auf den rechten Rand, Sie werden vielleicht näher auf das Publikum zugehen und wieder zurück und dies kann auch völlig in Ordnung sein in der Wirkung.

Sorgen Sie für festen Stand, wenn Sie wirklich »Ihren Standpunkt vertreten wollen«

Allerdings: Wenn Sie wirklich »Ihren Standpunkt vertreten wollen«, dann sorgen Sie dafür, dass Sie auch einen festen »Stand« haben, bei dem Start Ihres Vortrags, bei allen wichtigen Punkten, die Sie sagen und vor allen Dingen bei Ihrem Schlussappell.

Wenn Sie dann nach Ihrem Vortrag auch noch einige Sekunden, vielleicht drei oder vier Atemzüge, stehen bleiben und den Applaus aushalten ohne direkt wegzueilen, dann zeigen Sie Ihrem Publikum wirklich, dass Sie »zu dem stehen«, was Sie gesagt haben.

Ihre Gestik

Lassen Sie die Arme am Anfang entspannt zu beiden Seiten des Körpers hängen

Die einfache Grundempfehlung ist, lassen Sie die Arme am Anfang entspannt zu beiden Seiten des Körpers hängen. Ich weiß, das ist für ein paar Sekunden unangenehm, bevor Sie sprechen, denn manchmal erzeugt das die Angst, dass sie den ganzen Vortrag so dastehen bleiben werden. Dies stimmt aber nicht.

Was können Sie konkret tun?

Wenn Sie sich einmal vorstellen, Sie gehen auf eine Cocktailparty, Sie sind eingeladen über einen Bekannten. Sie kommen an, pünktlich, was man normalerweise nicht tut auf einer Cocktailparty und Sie kennen noch keinen Menschen; der Gastgeber ist vielleicht noch in der Küche beschäftigt. Was tun Sie, um nicht »dumm rumzustehen«? Sie nehmen sich idealerweise in eine Hand einen Cocktail, das macht man so auf Cocktailpartys, und in die andere Hand ein Kanapee. Ja, es gibt tatsächlich noch gute Partys, wo es etwas zu essen gibt. Was ist der Effekt? Schon stehen Sie nicht mehr so dumm herum. Das ist gut – für den Anfang.

Wenn Sie sich nun allerdings vorstellen, Sie kommen ins Gespräch mit einem netten Menschen, der neben Ihnen am Buffet steht. Sie stellen fest, wie interessant, sie kommen ja aus der gleichen Branche und es gibt vielleicht gemeinsame Anknüpfungspunkte. Der Mensch ist überhaupt sehr nett und wenn Sie nun zunehmend ins Sprechen und in Bewegung kommen, vielleicht auch ins Lachen und Gestikulieren, werden Sie feststellen, es gibt etwas, was plötzlich stört: das volle Glas in der Hand. Wenn Sie es Ihrem Gegenüber nicht über die Cocktailkleidung kippen wollen, dann stellen Sie es jetzt besser ab.

Was heißt das übertragen auf Ihre Situation, wenn Sie eine freie Rede halten? Das heißt, wenn Sie verbunden sind mit Ihrer Kraft und Begeisterung und frei sprechen, wird Ihr Körper ganz natürlich beginnen, sich zu bewegen. Alles was Sie dann in der Hand haben, wird irgendwann Ihre natürliche, unterstützende Gestik einschränken. Sämtliche Stifte, Blätter etc. gehören deshalb auf den Tisch, nicht in Ihre Hand, wenn Sie sprechen. Alle Erfahrung zeigt, dass einmal festgehaltene Gegenstände im Laufe eines Vortrags selten oder nie abgelegt werden.

Ja, es geht sogar so weit, dass einmal eingenommene Gesten kaum verändert werden. Wenn Sie also am Anfang eines Vortrags die Hände in der Tasche haben, können Sie sicher sein, dass Sie mit großer Wahrscheinlichkeit die Hände auch noch während Ihres Schlusswortes in den Taschen haben werden. Und wenn Sie am Anfang Ihres Vortrags die Hände auf dem Rücken verschränkt haben, können Sie sicher sein, dass Sie über einen längeren Zeitraum dieses Vortrags die

Während des Vortrags festgehaltene Gegenstände hemmen den natürlichen Fluss Ihrer Gestik

KÖRPERAUSDRUCK UND KÖRPERSPRACHE

Eine einmal eingenommene Körperhaltung bleibt in der Regel über einen großen Zeitraum sehr lange stabil

Hände auf dem Rücken verschränkt lassen werden. In Situationen, in denen Sie keine bewusste Steuerung über Ihren Körper haben, und das ist bei den meisten Nicht-Schauspielern bei Vorträgen der Fall, bleibt eine einmal eingenommene Körperhaltung über einen großen Zeitraum sehr lange stabil.

Ihr Blickkontakt

Vielleicht kennen Sie auch die etwas befremdliche Situation auf einer Party? Jemand begrüßt Sie, gibt Ihnen die Hand und unterhält sich gleichzeitig mit dem Gastgeber, der neben Ihnen steht.

So, wie es in einem persönlichen Zweiergespräch eine Selbstverständlichkeit sein sollte, den Gesprächspartner anzuschauen, gilt dies gleichermaßen für den Vortrag vor einer großen Gruppe.

Es geht hier weniger um bloße Höflichkeit, sondern ganz konkret darum, dass Sie es schaffen, Ihr Anliegen dahin zu transportieren, wo Sie es hin haben möchten: in die Köpfe, Herzen und Bäuche Ihrer Zuhörerinnen und Zuhörer.

IHR BLICKKONTAKT ZU DEN MENSCHEN VOR IHNEN IST WIE EINE BRÜCKE ZWISCHEN IHNEN UND IHREM PUBLIKUM.

Die Brücke, über die Sie Ihre LKWs vollgeladen mit Informationen, Emotionen und Impulsen rollen lassen können. Wenn Sie wollen, dass Ihre LKW-Ladungen ankommen, dann ist es wichtig, diese Brücke, diesen Blickkontakt von Anfang an aufzubauen, stabil zu halten und nicht abreißen zu lassen.

Es kommt häufig vor, dass Menschen bei einem Vortrag oft zu denjenigen im Publikum schauen, die besonders wichtig und auch besonders kritisch sind. Oft mit dem Ausdruck im Gesicht: »Bin ich auch gut genug, bin ich auch überzeugend genug?« – Natürlich ist es richtig, wichtige Menschen und auch Kritiker mit einzubeziehen; doch bedenken Sie dabei, gerade zum Start Ihres Vortrags kann es Ihnen helfen, wenn Ihr Blick zunächst bei denjenigen ruht, die Sie eher wohlwollend und freundlich ansehen.

3 LAMPENFIEBER

SIE ERHALTEN IN DIESEM KAPITEL ...
... wichtige Hintergründe zu dem Fieber, das entsteht, wenn Sie ins Rampenlicht treten. Und vor allem viele Anregungen und konkrete Tipps zum Umgang und zur Reduzierung des Lampenfiebers.

»Das menschliche Gehirn ist eine wunderbare Sache, es funktioniert vom Augenblick der Geburt bis zu dem Augenblick, wo du aufstehst, um eine Rede zu halten.« (MARK TWAIN)

Der Saal ist bis auf den letzten Platz gefüllt. Sie wurden gerade als nächster Redner angekündigt. Sie stehen auf und gehen zum Rednerpult. Das Herz pocht, die Hände werden feucht und der Mund trocken ...

Ein wenig Lampenfieber ist grundsätzlich förderlich. Es erzeugt nämlich eine innere Spannung und somit kann auch Ihr Vortrag spannend werden. Jemand, der absolut keine Nervosität verspürt, wird sein Publikum kaum begeistern oder überzeugen können. Wie erklärt sich das?

Ein wenig Lampenfieber ist grundsätzlich förderlich

Sie können davon ausgehen, dass dann, wenn Ihnen das Anliegen, über das Sie sprechen, wichtig ist, wenn Ihnen die Menschen, vor denen Sie sprechen, wichtig sind, wenn Ihnen die Wirkung Ihres Vortrags wichtig ist, Ihre innere Grundspannung steigt.

Letztendlich heißt das für Sie: »Die Situation ist mir wichtig.«

Lediglich, wenn Ihnen die Situation, die Menschen vor Ihnen und das Thema völlig egal sind, kann es Ihnen auch egal sein, wie Ihr Vortrag wird. Dann kann es tatsächlich sein, dass Sie überhaupt keine Aufregung spüren.

3.1 Wie entsteht Lampenfieber?

Wenn Sie in eine Gefahrensituation geraten oder die Befürchtung haben, Sie könnten in eine Gefahrensituation geraten, wird Ihr Stammhirn aktiviert und Stresshormone, unter ihnen das bekannte Adrenalin, werden ausgeschüttet. Sie werden so blitzschnell fit gemacht für eine körperliche Reaktion. Dieses noch aus den Urzeiten der Menschheit stammende Programm sollte den Körper ohne zeitraubende bewusste Abläufe aus dem Stand in die Lage versetzen zu fliehen oder Gegenwehr zu leisten.

Körperliche Stressreaktion	Zweck der Stressreaktion
erhöhte Pulsfrequenz	➡ intensiverer Transport von Energiestoffen, insbesondere in die Muskulatur
weniger Speichel	➡ Verbesserung der Luftaufnahme
intensiverer Atem	➡ Erhöhung der Sauerstoffaufnahme
schwitzen	➡ Kühlung des Körpers
langsamere Verdauung	➡ Energieeinsparung bei Prozessen, die für Angriff oder Flucht unwichtig sind
Reduktion des Denkvermögens	➡ Raum für lebensnotwendige Instinktmaßnahmen

hormoneller Ausnahmezustand

Während des Ablaufs solcher Stressreaktionen wird das Großhirn mit seinem logischen Denkvermögen partiell ausgeschaltet. Sie befinden sich dann in einem »hormonellen Ausnahmezustand« oder – bildlich gesprochen – in einem psychologischen Nebel. Interessanterweise gibt es viele Parallelen zu einem anderen hormonellen Ausnahmezustand, nämlich dem des Verliebtseins.

Es wird der Leserin und dem Leser überlassen, die Anregungen und Empfehlungen aus dem nachfolgenden Kapitel auch auf diesen und weitere hormonelle Ausnahmezustände anzuwenden.

Wie wirkt Lampenfieber?

Abb. 4: Stress und Angst wecken archetypische Reaktionen

3.2 Wie wirkt Lampenfieber?

»Nicht die Dinge selbst beunruhigen die Menschen, sondern die Vorstellungen von den Dingen.«
(EPIKTET)

Die körperlichen Reaktionen bei Lampenfieber sind also dazu ausgelegt, Sie durch Angriff oder Flucht in Sicherheit zu bringen. Nun leben Sie zum Glück nicht mehr in der Steinzeit – auch wenn manche Rededuelle gar nicht so weit von Keulenschlägereien entfernt zu sein scheinen. Auch sehen Angriff oder Flucht nicht mehr so aus wie zu der Zeit, als Ihre Vorfahren nur mit einem Lendenschurz bekleidet durchs Neandertal liefen.

Trotzdem hat sich Ihr Körper diese grundsätzlichen Reaktionsweisen mit allen Konsequenzen bewahrt: von der Erhöhung der Pulsfrequenz über das Schwitzen bis hin zur Hemmung der Verdauungsfunktionen.

Ein Vortrag kann sowohl unter einem Zuviel als auch unter einem Zuwenig an Lampenfieber leiden.

So wie ein guter Sportler sich vor einem Wettkampf aufwärmt, um auf »Betriebstemperatur« zu kommen, kann sich ein gesundes Maß an Lampenfieber förderlich auf Ihren Vortrag und Ihre Ausstrahlung auswirken. Allerdings verhält es

Ein Vortrag kann sowohl unter einem Zuviel als auch unter einem Zuwenig an Lampenfieber leiden

sich beim Lampenfieber genauso wie bei fast allen Dingen im Leben – ein Zuviel des Guten wirkt sich negativ auf den Körper und die Psyche aus.

Gesundes Lampenfieber bringt Sie von einem nicht-aktivierten, d.h. passiveren und unachtsameren Zustand hin in eine aktivierte, wachsame, motivierte Haltung. Wenn es allerdings über einen gewissen Punkt hinausläuft, führt es zu Verkrampfung, Blockierung bis zu völligen Ausfallerscheinungen.

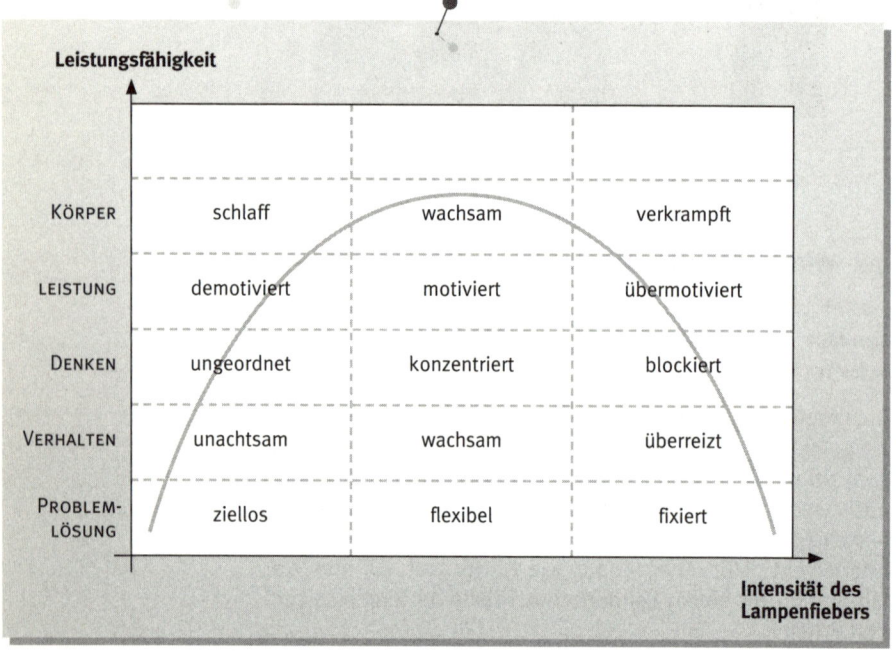

Abb. 5: Aktivierende oder blockierende Wirkung von Lampenfieber

3.3 Sekt oder Selters – Welcher Lampenfieber-Typ sind Sie?

Um für sich selbst den individuellen und richtigen Weg zu finden, mit dem eigenen Lampenfieber umzugehen, ist es wichtig, zunächst einmal festzustellen, zu welchem Lampenfieber-Typ Sie grundsätzlich tendieren.

Sekt oder Selters – Welcher Lampenfieber-Typ sind Sie?

Low-Energy-Typ

Ist Ihre Grundneigung tendenziell eher darauf ausgerichtet, der Bedrohung auszuweichen, die Flucht anzutreten bzw. sich tot zu stellen?

Kennzeichen des Low-Energy-Typs

	JA	NEIN
• Werden Sie ruhiger bis müde, wenn es darum geht, einen Vortrag zu halten?	❏	❏
• Verlieren Sie eher an Gesichtsfarbe?	❏	❏
• Fällt es Ihnen schwer, sich zu erheben und nach vorne zu gehen?	❏	❏
• Haben Sie das Gefühl, Ihre Arme und Beine sind schwer wie Blei?	❏	❏
• Fühlen Sie sich energielos?	❏	❏
• Möchten Sie sich am liebsten unsichtbar machen?	❏	❏

Wenn Sie die meisten dieser Fragen mit »Ja« beantwortet haben, tendieren Sie eher zum Low-Energy-Typ. Für diese Gruppe ist es hilfreich, etwas zu tun, um ihr Energiesystem anzukurbeln: inneres und äußeres »Aufwärmen«, körperliche Aktivität, alles was belebt, bis hin zu dem berühmten Gläschen Sekt vor dem großen Bühnenauftritt bei Künstlern.

Low-Energy-Typen müssen ihr Energiesystem ankurbeln

High-Energy-Typ

Oder neigen Sie tendenziell eher dazu, im wahrsten Sinne des Wortes nach vorne – in den Angriff – zu gehen, aufgeregt und hochgeladen?

Kennzeichen des High-Energy-Typs

	JA	NEIN
• Bekommen Sie eine sehr schnelle Atmung?	❏	❏
• Werden Sie zappelig?	❏	❏
• Bekommen Sie einen roten Kopf?	❏	❏

- Können Sie sich kaum noch auf dem Sitz halten? ❏ ❏
- Wollen Sie es jetzt unbedingt hinter sich bringen? ❏ ❏

High-Energy-Typen müssen zurück auf die Erde kommen

Dann sind Sie eher ein High-Energy-Typ. Für diese Gruppe kann das Gläschen Sekt genau die tödliche letzte Dosis sein. Für diese Lampenfieber-Typen geht es vielmehr genau um das Gegenteil – herunterzukommen, zurück auf die Erde, alles zu tun, was Sie wirklich im wahrsten Sinne des Wortes erdet: ein ruhiges Glas Wasser, beruhigende Atemübungen, Standübungen, Konzentrationsübungen. Sie erhalten hierzu detaillierte Anleitungen im folgenden Kapitel und in Kapitel 5.

3.4 Was können Sie gegen Lampenfieber tun?

Alles, was Ihnen Sicherheit gibt, hilft gegen Lampenfieber. Je vertrauter Sie mit dem Inhalt Ihres Vortrags und mit den äußeren Umständen sind, desto mehr freie Ressourcen haben Sie für sich persönlich im entscheidenden Moment. Neben all dieser äußeren Vorbereitung kann es entscheidend sein, dass Sie auch die adäquate innere Vorbereitung praktizieren.

Diese persönliche Einstimmung und Vorbereitung kommt in aller Regel zu kurz. Im Folgenden erhalten Sie Anregungen, die für Ihre innere Sicherheit förderlich sind.

Förderlicher Atem

Der Atem ist der goldene Schlüssel im Umgang mit Lampenfieber

Ein goldener Schlüssel im Umgang mit Lampenfieber ist der Atem. Der Atem des Menschen ist eine wunderbare Sache. Ihr Atem ist die einzige unwillkürliche Körperfunktion, die Sie wahlweise bewusst oder unbewusst einsetzen und nutzen können. Somit bildet der Atem einen Schlüssel zu Ihrem unteren Bewusstsein. In diesem unteren Bewusstsein sitzen all die Ängste und Verkrampfungen früherer negativer Erfahrungen. Diese inneren Erfahrungen laufen wie ein Programm automatisch an, wenn Sie in eine Situation kommen, in der

Was können Sie gegen Lampenfieber tun?

Sie früher schon einmal schlechte Erfahrungen gesammelt haben. Dies kann beispielsweise eine sehr anstrengende, scheinbar misslungene Vortragssituation aus Ihrer beruflichen Startzeit sein.

In Stresssituationen verflacht der Atem und verschiebt sich von der natürlichen und gesunden Zwerchfellatmung hin zu einer oberflächlichen Brustatmung; dabei wird der Atem häufig schneller. Eine Möglichkeit, dieses unbewusst anlaufende Negativprogramm zu unterbrechen, ist die bewusste Übernahme des Atems.

> *Das bewusste, ruhige und tiefe Atmen ist eine Voraussetzung, um anlaufende innere Stressprogramme zu unterbrechen.*

Es heißt:
»Die Angst ist der Feind des Atems.«
Es heißt aber auch:
»Der Atem ist der Feind der Angst.«

Es sei an dieser Stelle erwähnt, dass Ihnen das bloße Wissen hierüber schlechterdings überhaupt nichts nützt. Oder, um es mit Tucholskys Worten zu sagen: *»Es gibt nichts Gutes, außer man tut es!«*

Ich lade Sie ein, genau jetzt und hier, während Sie das lesen, eine konkrete Erfahrung zu machen.

Wenn Sie für einige Sekunden innehalten mit dem Lesen und nur darauf achten, wie Ihr Atem gerade fließt ... und nun einmal testweise die Atemfrequenz deutlich erhöhen, dabei vielleicht den Bauch ein wenig einziehen und anspannen und den Atem kurz und stoßweise oben in Ihrer Brust rein- und rausdrücken. Vielleicht nur fünf, sechs Atemzüge lang ... wieder einen Moment innehalten und einmal schauen, wie es Ihnen damit geht.

Und nun möchte ich Sie einladen, genau das Gegenteil zu machen: Ihren Atem lange und tief in Ihren Körper einfließen zu lassen. Vielleicht zählen Sie innerlich beim Einatmen langsam bis fünf ... dann den Atem einige Zeit tief unten in Ihrem Bauch spüren. Sie können dabei ebenfalls langsam bis drei

LAMPENFIEBER

zählen, wenn Ihnen das hilft. Und nun lange und langsam ruhig ausatmen, dabei können Sie wieder wenigstens bis fünf zählen. So, als wollten Sie wirklich die letzte Luft hinausblasen. Hierbei kann auch ruhig ein leiser Ton entstehen. Und wenn Sie möchten, das Ganze in Ruhe noch drei- bis viermal wiederholen:

- lange und tief einatmen (fünf Takte)
- kurze Atempause vor dem Ausatmen (drei Takte)
- lange und ruhig ausatmen (fünf Takte)

Die meisten Menschen stellen bei solch einer bewussten ruhigen, tiefen Atmung eine angenehm beruhigende Wirkung fest. Die eben erwähnten so genannten Low-Energy-Typen können durch die tiefe und volle Atmung ihre Energie besser aktivieren und die beschriebenen High-Energy-Typen können durch diese kontrollierte, ruhige Atmung ihre aufgewallte Energie besser und konzentriert auf das Ziel ausrichten.

Sie können Ihren Atem bewusst ändern – von einer Sekunde zur nächsten!

Sofern Sie diese kurze Atem-Übung ausprobiert haben, haben Sie schon eine wichtige Schlüsselerfahrung gemacht: Sie können Ihren Atem bewusst ändern – von einer Sekunde zur nächsten! Es ist gut zu wissen, dass dies möglich ist und es ist gut, wenn Sie sich in Stresssituationen darauf besinnen. Es ist einfach in der Anwendung – und ungemein wirksam!

Förderliche Gedankenausrichtung

»*Ob Sie sagen, ich kann das nicht, oder ob Sie sagen, ich kann das – Sie haben vermutlich in beiden Fällen Recht.*« (HENRY FORD)

Wenn Sie die Kraft Ihrer Gedanken unterschätzen, dann unterschätzen Sie vermutlich auch die Möglichkeit, inwieweit Sie tatsächlich Einfluss haben auf Ihr Wohlbefinden oder Ihr Unwohlsein.

Vorsicht im allzu leichtfertigen Umgang mit dem so genannten »positiven Denken«

Um es direkt vorweg zu schicken: Vorsicht im allzu leichtfertigen Umgang mit dem so genannten »positiven Denken«. Häufig wird dies falsch verstandenen (und auch gelehrt), frei nach dem Motto, » ... ich bin der Größte, der Beste, und ich kann alles, was ich will auf dieser Welt.« Auch Ihre Schwächen und Ängste sind Teile Ihrer vollständigen Persönlichkeit

Was können Sie gegen Lampenfieber tun?

und leisten Ihnen oft wertvolle Dienste. Sie werden in den folgenden Kapiteln mehr darüber erfahren.

An dieser Stelle ist wichtig zu sagen, dass Sie grundsätzlich die Wahl haben, auf welche Gedanken Sie sich konzentrieren möchten und das ist in Stresssituationen, also auch kurz vor einem Vortrag, ganz entscheidend.

Sie haben die Wahl, ob Sie Ihre Gedanken in dem Moment, in dem Sie aufstehen und nach vorne gehen, z. B. darauf ausrichten:

- *»Oh je, im zweiten Teil meines Vortrags fühle ich mich nicht ganz so sicher.«*
- *»Die zwei Kunden in der vorderen Reihe gucken mich aber sehr kritisch an.«*
- *»Hoffentlich sieht keiner meine Schwitzflecken unter dem Arm.«*
- *»Ob ich wirklich gut genug vorbereitet bin?«*

Konzentrieren Sie sich auf negative ...

Eine empfehlenswerte Alternative zu solchen negativen Überlegungen ist dagegen die gedankliche Ausrichtung auf folgende Fragen:

- *Warum bin ich genau die/der Richtige, um das hier heute zu sagen?*
- *Welche von meinen Qualitäten möchte ich bei meinem Vortrag besonders nutzen?*

... oder positive Gedanken?

Es handelt sich bei dieser Empfehlung genau um das, was Sie wahrscheinlich kennen unter der Formulierung: »Sie können sich entscheiden, ob das Glas halb voll oder halb leer ist.« (Tipp für Fortgeschrittene: Wenn das Glas halb leer ist, trinken Sie es einfach aus und lassen Sie sich noch einmal nachschenken für den zweiten Teil des Vortrags.)

Darüber hinaus gibt es – neben der Wahl zwischen negativen und förderlichen Gedanken – noch einen Aspekt bei der Gedankenausrichtung, auf den es sich zu schauen lohnt. Wenn Sie einmal auf den Zeitraum von heute Morgen, als Ihr Wecker geklingelt hat, bis zu Ihrem Frühstück schauen, und sich fragen: Wo waren Sie mit Ihren Gedanken? Registrieren Sie einfach – ohne Wertung.

LAMPENFIEBER

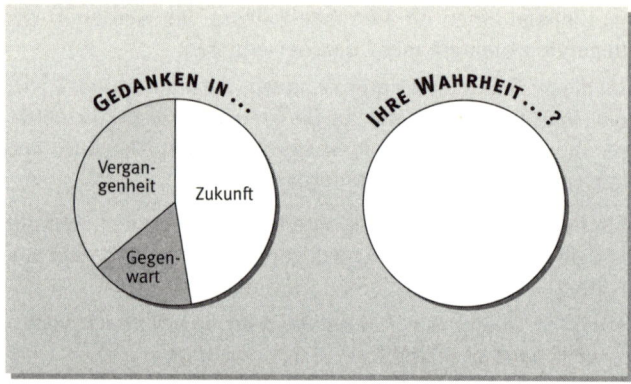

Abb. 6: Sind Ihre Gedanken dort, wo Sie sind?

WO SIND SIE MIT IHREN GEDANKEN?
- Bei dem, was gestern war?
- Oder mehr bei dem, was Sie gleich erwartet?
- Und wie bewusst genießen Sie Ihre Gegenwart (Ihre Dusche, Ihr Frühstück, etc.)

Ein alter buddhistischer Meister wurde einmal gefragt, wie er zu seinem tiefen, inneren Frieden und zu seiner Ruhe gekommen sei. Er antwortete: »Wenn ich sitze, dann sitze ich, wenn ich Tee trinke, dann trinke ich Tee, und wenn ich aufstehe, dann stehe ich auf.«
Und sein Schüler antwortete: »Aber Meister, das mache ich doch ganz genauso. Ich sitze, ich trinke Tee und ich stehe wieder auf.« »Nein,« antwortete der Meister, »wenn Du sitzt, dann trinkst Du in Gedanken schon Tee, und wenn Du Tee trinkst, stehst du in Gedanken schon wieder auf, und wenn Du aufstehst, bist Du in Gedanken schon wieder beim Nächsten.«

Förderliches bewusstes Handeln

Situationen und Umstände bewusst wahrnehmen

In einer Situation, in der Sie möglicherweise in einer Stresssituation in den oben beschriebenen »psychologischen Nebel« eintauchen, ist alles hilfreich, was Ihre Wahrnehmung wieder klarer und unvernebelt macht. Ein Weg dahin ist, dass

Was können Sie gegen Lampenfieber tun?

Sie die Ereignisse um sich herum und vor allem im eigenen Innern bewusst registrieren.

Dies kann sein:

- Aufmerksame Verfolgung des Vorredners.
- Bewusste Wahrnehmung Ihres aktuellen Körpergefühls. – Wie fühlt sich der Stuhl unter Ihrem Sitzmuskel an, wie spüren Sie die Erde unter Ihren Füßen, wie fließt Ihr Atem gerade?
- Ganz bewusst aufstehen und aufmerksam nach vorne schreiten.
- Wenn Sie sich auf beide Beine stellen, fest auf Ihren Füßen stehen und dies spüren.
- Noch einmal ganz bewusst aus- und wieder einatmen, bevor Sie anfangen und den ersten Satz sprechen.

Verankern Sie sich bewusst im Hier und Jetzt

Haben Sie einmal beobachtet, wie bewusst z. B. ein Sprinter, nennen wir ihn einfach mal Carl Lewis, in seinen Startblock steigt? Ja, im wahrsten Sinne des Wortes, steigt. Wie er sich langsam niederkniet, das Startgerät in Ruhe zurechtrückt, den Kettenanhänger unter das Trikot schiebt, die gespreizten Finger exakt an der Startlinie ausrichtet, die Beine jeweils noch einmal nach hinten durchstreckt, um dann die Spikes genau an die Stelle zu bohren, wo sie hingehören.

Genauso wichtig ist es für einen Redner, einen guten und bewussten Start hinzulegen. Statt nach vorne zu eilen und schon wieder weg zu sein, bevor sie wirklich da waren, hilft das oben beschriebene bewusste Handeln.

Förderliche Entspannungstechnik

Es ist gut, wenn Sie eine oder verschiedene Entspannungstechniken *kennen*. Es ist besser, wenn Sie eine oder verschiedene Entspannungstechniken *können*. Und es ist am besten, wenn Sie mindestens eine konkrete Entspannungstechnik regelmäßig *praktizieren*.

Ob dies nun Autogenes Training, Chi-Gong, progressive Muskelentspannung oder sonst etwas ist, spielt keine Rolle. Im Kapitel 5 »Grundübungen zur Entspannung und Selbstsicherheit« finden Sie konkrete Beispiele für Entspannungsübungen.

Je öfter Sie eine spezielle Übung praktizieren, desto schneller können Sie diese im Stressfall aktivieren und Ihre innere Ruhe wiederfinden.

Das heißt, der Nutzen liegt nicht nur darin, dass diese Übung Ihnen grundsätzlich zu mehr Ausgeglichenheit verhilft, sondern auch darin, dass Sie genau dann, wenn Sie es wirklich brauchen, diesen Zustand der größeren Ruhe und Entspannung schnell herstellen können.

Nach regelmäßigem Praktizieren gelingt dies oft schon mit Hilfe einer Kurzform der Übung, z. B. durch spezielle Atemtechniken, durch einige kurze Muskelanspannungen und -entspannungen etc.

Manche Menschen haben es sich zu einer nützlichen Routine gemacht, vor einer herausfordernden Situation stets die Kurzform einer solchen Entspannungstechnik durchzuführen.

3.5 Sieben weitere Tipps zum Abbau von Lampenfieber

Weitere Tipps gegen das Lampenfieber

1. Kurz vorher: lieber Kopf frei als Kopf voll! Verzichten Sie also auf den zehnten Durchgang Ihrer Overheadfolien und verschaffen sich besser ein paar tiefe Atemzüge frischer Luft!
2. Diskutieren Sie nicht unmittelbar vor der Präsentation noch Inhalte.
3. Machen Sie sich die Menschen Ihres Publikums rechtzeitig so vertraut wie möglich. Sprechen Sie vor der Präsentation mit einzelnen Menschen aus Ihrem Publikum. Sie haben dann während der Präsentation das Gefühl, im Auditorium vertraute Ansprechpartner zu haben. Das, was vertraut ist, erscheint weniger gefährlich.
4. Essen Sie eine Kleinigkeit, präsentieren Sie nicht auf nüchternen Magen; allerdings wirklich etwas, das Ihnen Energie zuführt (besser Erdnussriegel als Big Mac).

Sieben weitere Tipps zum Abbau von Lampenfieber

5. Tragen Sie Kleidung, die angemessen ist, in der Sie sich sicher fühlen und, vor allen Dingen, in der Sie sich wohl fühlen. Manchmal kann es Welten bewegen, wenn Sie den obersten Knopf Ihres Kragens einen halben Zentimeter in Richtung Luftversorgung versetzen.
6. Erinnern Sie sich daran, Ihre Zuhörer sind auch nur Menschen und verzeihen kleine Schwächen.
7. Immer wieder daran denken: sicherer Stand und weiter atmen.

3.6 Das schwarze Loch – Blackout

Ein so genannter typischer Blackout hat nicht immer etwas mit zu starkem Lampenfieber zu tun. Aus der beobachteten Praxis heraus sind Blackouts auf zwei verschiedene Ursachen zurückzuführen:

zwei verschiedene Ursachen

Falsche Atmung

Vielleicht erinnern Sie sich noch an dieses Kinderspiel: Einer stellt sich hin, atmet tief ein und spannt dann den Bauch an, und der andere stellt sich hinter ihn und verstärkt die Wirkung, indem er die Arme um den Bauch des Partners legt und zusammendrückt. Ein Effekt dieser »Übung« war häufig, dass einem schwarz vor Augen wurde.

Physisch spielt sich hier nichts anderes ab, als dass ein angespannter, eingeatmeter Zustand verstärkt und lange angehalten wird und schließlich zu einer Unterversorgung des Gehirns mit Sauerstoff führt. Tatsächlich sind viele Blackouts genau auf diesen physisch bedingten Effekt zurückzuführen. Menschen vergessen einfach in Ihrer Anspannung, wieder auszuatmen. Die Luft wird eingehalten, manchmal ist vielleicht noch eine kurze »Schnappatmung« zu beobachten und irgendwann erfolgt eine Unterversorgung des Gehirns mit Sauerstoff und der Erzählfaden reißt ab.

Unterversorgung des Gehirns mit Sauerstoff

Einfache und wichtige Gegenmaßnahme: ruhiges, entspanntes, langes Ausatmen. Immer wieder Sprechpausen einlegen, in denen Sie den Fluss Ihres Atems spüren. Sie kennen sicherlich den Effekt, wenn etwas sehr anspannend war und es dann vorbei ist, dass Sie mit einem lauten »Puuh ...« ausatmen und den Druck entweichen lassen; genau dieser Loslass-Effekt hilft Ihnen bei der Vermeidung atembedingter Blackouts.

Innere Zerrissenheit

Es gibt noch eine weitere Ursache dafür, dass Menschen beim Reden der Faden abreißt. Dies hat eine ganz andere Ursache, wird aber im allgemeinen Sprachgebrauch ebenso mit Blackout bezeichnet.

Berühmte Beispiele hierfür lassen sich z.B. finden, wenn Sie an Zeugenbefragungen bei Politikern zu heiklen Angelegenheiten denken. Hier können Menschen nicht frei von der Seele sprechen, sondern müssen höchst konzentriert das wiedergeben, was sie häufig vorher in Abstimmung mit ihren Beratern und Rechtsanwälten gelernt haben.

Der Faden, der hier abreißen kann, ist die Verbindung zwischen der inneren Wahrheit, dem, was Sie gerade wirklich denken und fühlen, und dem, was oben herauskommt – was im Zweifelsfall gar nichts mehr mit Ihnen zu tun hat.

Das ist so, als ob Sie zwei Stimmen gleichzeitig hören, eine innere und eine äußere; mit dem Problem, dass die innere Stimme ständig etwas völlig anderes als die äußere sagt. Dann, wenn die Konzentration auf die äußere Stimme nicht völlig gehalten werden kann, kommt es zu einem totalen Durcheinander, mit dem Resultat, dass Sie völlig den Überblick verlieren und der rote Faden reißt.

Auf den Punkt gebracht:

Wenn Sie beim Reden nicht bei sich sind, kann es einfach sein, dass Sie den Faden verlieren!

Bleiben Sie beim Sprechen bei sich

Da Sie vermutlich nicht regelmäßig als Zeuge in politischen Prozessen auftreten, ist die Empfehlung an dieser Stelle, sehen Sie zu, dass das, was Sie vortragen, soweit es geht noch ein Stück von Ihnen ist; dass Sie Aspekte oder große Bereiche finden, mit denen Sie sich persönlich identifizieren können; dass Sie bei dem bleiben können, was Ihnen persönlich wichtig ist. Oder können Sie sich vorstellen, dass Ihnen, wenn Sie einem Freund begeistert erzählen, was Ihnen gestern Tolles passiert ist, plötzlich der Faden abreißt und Sie nicht mehr wissen, wovon Sie gesprochen haben? – Wohl kaum.

4 PERSÖNLICHE ENTWICKLUNG

SIE ERHALTEN IN DIESEM KAPITEL ...
... Hinweise, die einen Schritt weiter gehen auf dem Weg zu immer mehr persönlicher Sicherheit und innerer Stärke.

»Unsere tiefste Angst ist nicht, dass wir unzulänglich sind. Unsere tiefste Angst ist, dass wir unermesslich machtvoll sind.
Es ist unser Licht, das wir fürchten, nicht unsere Dunkelheit.
Wir fragen uns: Wer bin ich eigentlich, dass ich leuchtend, begnadet und phantastisch sein darf?
Wer bist Du denn, es nicht zu sein?
Du bist ein Kind Gottes.
Wenn Du Dich klein machst, dient das der Welt nicht.
Es hat nichts mit Erleuchtung zu tun, wenn Du schrumpfst, damit andere um Dich herum sich nicht verunsichert fühlen.
Wir wurden geboren, um die Herrlichkeit Gottes zu verwirklichen, die in uns ist.
Sie ist nicht nur in einigen von uns.
Sie ist in jedem Menschen.
Und wenn wir unser eigenes Licht erstrahlen lassen, geben wir unbewusst anderen Menschen die Erlaubnis, dasselbe zu tun.
Wenn wir uns von unserer eigenen Angst befreit haben, wird unsere Gegenwart ohne unser Zutun andere befreien.«
(NELSON MANDELA, aus seiner Antrittsrede 1994)

PERSÖNLICHE ENTWICKLUNG

4.1 Die Geschichte von den Samurai

Sie haben inzwischen einiges über Angst und Selbstsicherheit erfahren. Es ist nun an der Zeit, eine Lanze oder, um im kommenden Bild zu bleiben, ein Schwert für die Angst zu brechen.

Ihre Angst hat Ihnen in Ihrem Leben ganz sicher oft gute Dienste erwiesen. Sie hat sie bewahrt vor Risiken, vor Überforderungen, vor Gefahren, beispielsweise wenn die innere Stimme Ihnen sagt: »Schwimm nicht so weit hinaus« oder dieses Magengrummeln vor dem riskanten Überholmanöver, das Sie dann doch nicht durchgeführt haben.

Ich möchte Sie ausdrücklich ermutigen, diese Angst anzuerkennen; diese Angst, die möglicherweise in gewissen Lebensphasen zu Verhaltensweisen führte, die damals allen Umständen nach angemessen waren.

Diese Angst, die Sie achtsam mit sich sein lässt und die Sie auch mit Achtsamkeit angemessene neue Herausforderungen suchen lässt. Es geht nicht darum, diese Angst zu vergessen. Es geht natürlich auch nicht darum, diese Angst mit vollmundigen Tönen (»Ich kann alles!«) zu überschreien. Es geht darum, eine ganzheitliche Persönlichkeit zu werden, sich seiner tatsächlichen Stärken bewusst zu sein, sich über seine Möglichkeiten im Klaren zu sein und auch zu wissen, dass Ängste und Schwächen dazugehören.

sich Ängste bewusst machen

Allerdings:

> **SIE HABEN** DIESE ÄNGSTE UND SCHWÄCHEN.
> UND NICHT: DIESE ÄNGSTE UND SCHWÄCHEN **HABEN SIE.**

In der Tradition der Samurai gibt es eine Geschichte über die Angst.

Die Angst auf der Spitze des Schwertes tragen

Die Samurai wurden dazu erzogen, mit ihrer Angst in Berührung zu kommen, sie anzuerkennen und mit sich in die Schlacht zu nehmen. Wenn ein Samurai sein Schwert

Die Geschichte von den Samurai

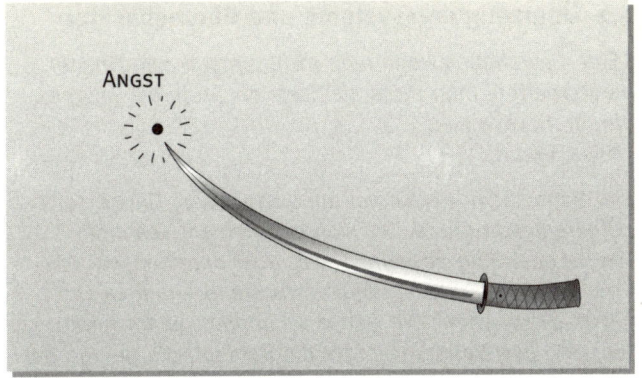

Abb. 7: »Die Angst auf der Spitze des Schwertes tragen«

Bewusst fokussierte Ängste können Ihren Vortrag nicht mehr boykottieren

zu ziehen begann, stellte er sich vor, wie seine Angst mit hervorkam und er fühlte diese Angst.

Je weiter er das Schwert aus der Scheide zog, desto mehr kam er mit seiner Angst in Berührung. Wenn das Schwert ganz gezogen war und die Spitze der Scheide verließ, stellte er sich seine Angst auf der Spitze des Schwertes vor.

In dem Augenblick, da er dann das Schwert über den Kopf hielt, zum Hieb bereit, stellte er sich vor, dass seine Angst ihm half, das Schwert zu führen.

So kam der Krieger in Berührung mit seiner Angst, trug sie bewusst vor sich her und nahm sie mit in den Kampf.

Wenn Sie im vollen Bewusstsein Ihrer möglichen Ängste nach vorne vor Ihr Publikum treten, wenn Sie Ihre Angst im Blick haben (»vor sich hertragen«), dann können diese Gefühle Sie nicht mehr unbemerkt boykottieren.

Mit dem Bewusstsein und der inneren Akzeptanz, Sie werden vielleicht nicht 100 Prozent, sondern nur 90 Prozent leisten, sind Sie auf einem guten Weg zu einer integrierten, ganzheitlichen Persönlichkeit. Analog zu einer Feststellung am Anfang dieses Buches gilt hier: Diejenigen, die versuchen, alle ihre Schwächen zu verdecken und auf keinen Fall zu zeigen, wirken manchmal wie die, die so auffällig versuchen, einen Fleck zu verdecken, dass auch der Letzte ihn sieht.

Persönliche Entwicklung

4.2 Überzeugungssysteme und Glaubenssätze

»Eine Gewohnheit kann man nicht einfach zum Fenster hinauswerfen, man muss sie Stufe für Stufe die Treppe hinunterlocken.«
(MARK TWAIN)

Ein Wanderer hörte einmal auf seinem Weg Gänse ganz aufgeregt schnattern. Sie waren auf einem Teil einer Wiese, der völlig abgegrast war, aber daneben war ein Teil, auf dem saftiges, hohes Gras stand – und es war nichts dazwischen! Die Gänse schimpften und schnatterten, und der Wanderer fragte die Bäuerin, die gerade des Weges kam, was es denn mit den Gänsen auf sich habe. Sie sagte: »Vor einer Stunde habe ich den Zaun weggenommen und sie haben es immer noch nicht gemerkt.«

Glaubenssätze formen zum großen Teil unsere Identität

Glaubenssätze und Grundüberzeugungen formen zum großen Teil unsere Identität: konstruierte und konditionierende Systeme, um das Leben zu bewältigen. Wer wir sind und vor allem, wozu wir in der Lage sind, ist oft bestimmt von diesen Sätzen über uns, die meist schon sehr früh ausgeprägt wurden. Manche beeinflussen das ganze Leben und beschränken unsere Möglichkeiten, z. B.:

- »Ich bin nicht gut genug.«
- »Ich werde es nicht schaffen.«
- »Ich mache ja doch alles falsch.«
- »Ich kann nicht frei vor anderen Leuten sprechen.«

Viele dieser Prägungen sind einengend und schmerzlich und doch richten Menschen ihr ganzes Leben so ein, dass sie immer wieder »Beweise« für ihre Annahmen finden. Wenn jemand den Glaubenssatz hat *»Ich kann nicht frei vor anderen Menschen sprechen«*, sehen die Folgen meist so aus:

Zum einen wird er alles daran setzen, die entsprechende Situation zu meiden, d. h. sein Berufsfeld so gestalten und einschränken, dass er keine Präsentationen halten muss – und die gehaltenen Präsentationen, die unumgänglich waren, wird er aus dem tiefen Glauben an das eigene Unvermögen entsprechend negativ beurteilen.

ÜBERZEUGUNGSSYSTEME UND GLAUBENSSÄTZE

Auch, wenn Sie in Ihrem Leben oft nachgewiesen haben, dass diese Sätze nicht zutreffen, zeichnen sich diese Selbstbilder vor allem durch eine Resistenz gegen Veränderungen aus.

Resistenz der Selbstbilder gegen Veränderungen

Folgende Leitfragen können Ihnen helfen, mehr Bewusstheit über Ihre eigenen Glaubenssätze zu erhalten und erste Schritte auf dem Weg zu deren Auflösung zu gehen.

Wenn Sie möchten, können Sie sich jetzt oder zu einem späteren Zeitpunkt einmal einen konkreten Glaubenssatz vornehmen und die folgenden Fragen nacheinander beantworten:

Auflösung von Glaubenssätzen

- Wie lautet dieser Glaubenssatz in einem ganz konkreten Satz?
  (»*Ich kann nicht ...*«, »*Man muss immer ...*«, »*Man darf nicht ...*«)
- Was vermeiden/verbieten Sie sich durch diesen Glaubenssatz?
- Welchen Vorteil ziehen Sie aus dieser Vermeidung?
- Welche Erfahrungen/Situationen aus der Vergangenheit ziehen Sie für sich heran, um diesen Glaubenssatz zu bestätigen?
- Welche Erfahrungen/Situationen aus der Vergangenheit übersehen Sie, weil diese Sie zu einem anderen Ergebnis als zu diesem Glaubenssatz führen würden?
- Was würden Sie gewinnen, wenn Sie frei von diesem Glaubenssatz wären?
- Wollen Sie wirklich frei von diesem Glaubenssatz sein?
- Falls ja: Was wäre ein guter erster Schritt?

Bedenken Sie, dass es heißt:
»GEHE AN DEINE GRENZE UND EINEN SCHRITT DARÜBER HINAUS.«

Bewusstheit ist der erste Schritt zur Besserung. Je mehr Sie sich Ihre eigenen Glaubenssätze bewusst machen, desto eher können Sie souverän und der Situation angemessen handeln; auch bei Ihrer nächsten Präsentation.

4.3 Heimathafen und Wachstumsschritte

»*Wer vom Ziel nichts weiß, kann den Weg nicht haben, wird im selben Kreis all sein Leben traben ...*«
(CHRISTIAN MORGENSTERN)

Insbesondere die Inhalte dieses Teils des Buches zielen auf eine persönliche Entwicklung. Sie befinden sich während des Lesens mitten in einem Wachstumsprozess. Manche Menschen betrachten ihr gesamtes Leben als persönlichen Wachstumsweg; Schritte in einer Entwicklung, die letztendlich zu mehr Selbstannahme und Selbstsicherheit führen. Das, was Sie bei Ihren Vorträgen und Präsentationen brauchen.

Wenn Sie einmal zurückblicken, wo Sie vor fünf oder zehn Jahren – in Bezug auf das Thema »Überzeugend vor anderen Menschen sprechen« – standen, so werden Sie möglicherweise feststellen, dass Ihnen heute einiges ganz selbstverständlich erscheint, was vor fünf oder zehn Jahren nicht der Fall war.

Sie haben einen Verhaltensbereich, in dem Sie sich sicher bewegen und wohl fühlen. Ihr persönlicher Heimathafen, auch Komfortzone genannt, umfasst die Fülle von Möglichkeiten, die Sie sicher beherrschen.

Es ist gut zu wissen, wo die eigenen Stärken und Qualitäten liegen. Es ist wichtig, selbst zu sehen und anzukennen, wie die eigene Komfortzone wächst und wie groß und umfangreich inzwischen dieser komfortable und sichere Bereich ist.

Es ist ebenso gut, wenn Sie wissen wo Sie hin wollen. Eine bewährte Regel zum persönlichen Wachstum lautet:
»*Gehe an Deine Grenzen – und einen Schritt darüber hinaus.*«

Um zu wachsen, müssen Sie Ihre Komfortzone verlassen

Was heißt das konkret für Sie? – Zunächst einmal: Um zu wachsen, müssen Sie Ihre Komfortzone verlassen, beispielsweise indem Sie sich angemessene, herausfordernde Übungs-

Heimathafen und Wachstumsschritte

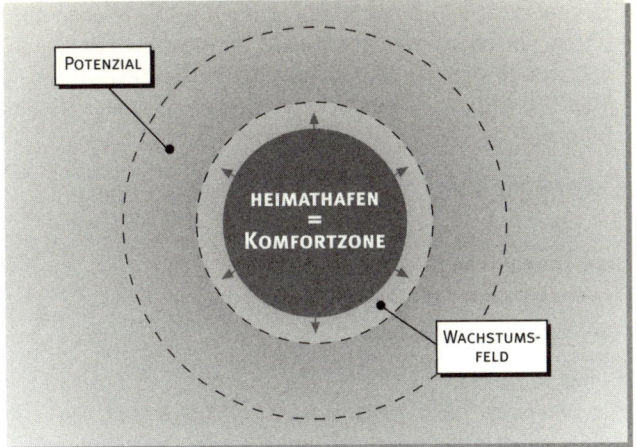

Abb. 8: Komfortzone und Wachstumsfeld – Nur wer wagt gewinnt

möglichkeiten verschaffen, das Sprechen vor Publikum zu üben. Verlassen Sie Ihren Heimathafen und gehen Sie *einen Schritt darüber hinaus* – nicht aber zwei. Genau hieran scheitern die meisten Wachstumsprozesse. Wer zwei Schritte auf einmal macht, kommt ins Schlingern und wer gar den zweiten Schritt vor dem ersten macht, wird garantiert stolpern.

Wie viele gute Silvestervorsätze (»*Ich will nie wieder rauchen*«, »*... jeden Morgen vor der Arbeit joggen gehen*«, »*... mittags nur noch die Hälfte essen*« etc.) werden bereits nach einer Woche verworfen, weil die Ziele unrealistisch sind?

Gesundes, persönliches Wachstum findet nach dem Prinzip statt, einen Schritt aus der Sicherheit der Komfortzone heraus zu wagen:

einen gehbaren Schritt aus der Sicherheit der Komfortzone heraus wagen

- Es geht nicht darum, nun alle Vorträge frei zu halten, wenn Sie bisher Ihre Vorträge abgelesen haben – aber Sie können lernen, immer freier zu sprechen!
- Es geht nicht darum, wenn Sie bisher eher chaotisch sprechen, nun jeden Schachweltmeister mit Ihrer brillanten Logik zu schlagen – aber Sie können versuchen immer klarer und strukturierter in dem zu werden, was Sie vortragen!

Persönliche Entwicklung

- Es geht nicht darum, wenn Sie bisher vor öffentlichen Auftritten ein eher mulmiges Gefühl im Magen hatten, nun die Stunde des Vortrags sehnlichst herbeizuwünschen – aber Sie können immer sicherer werden in dem, was Sie tun!

... Schritt für Schritt, wie der Gang auf dieser Straße:

Das Loch in der Strasse
(Autobiographie in fünf Kapiteln)

(frei nach Portia Nelson)

Phase 1:
Sie gehen die Straße entlang. Da ist ein tiefes Loch. Sie fallen in das Loch hinein und tun sich weh. Es dauert endlos, wieder herauszukommen.

Phase 2:
Sie gehen dieselbe Straße entlang. Da ist ein tiefes Loch. Sie tun so, als sähen Sie es nicht. Sie fallen hinein und tun sich weh. Immer noch dauert es sehr lange, herauszukommen.

Phase 3:
Sie gehen dieselbe Straße entlang. Da ist ein tiefes Loch. Sie sehen das Loch. Sie sagen: »Ich will da nicht reinfallen«, und fallen hinein – aus Gewohnheit. Sie kommen sofort wieder heraus.

Phase 4:
Sie gehen dieselbe Straße entlang. Da ist ein tiefes Loch. Sie sehen es. Sie sagen: »Ich will da nicht reinfallen.« Sie gehen um das Loch herum.

Phase 5:
Sie nehmen eine andere Straße.

Wie viele Löcher und Fallen kennen Sie möglicherweise aus Ihrer Kommunikations- und Präsentationserfahrung, in der Vorbereitung oder in der Durchführung, in die Sie häufiger hineinfallen?

Heinmathafen und Wachstumsschritte

Anregungen, um Schritt für Schritt weiterzukommen, erhalten Sie reichlich in diesem Buch – und, vergessen Sie nicht, sich nach jedem gelungenen Schritt über Ihren Erfolg zu freuen.

4.4 Die Willensskala

»*Wollen hätten wir schon mögen,
aber dürfen haben wir uns nicht getraut.*«
(Karl Valentin)

Sie haben vermutlich bemerkt, dass in den Phasen 4 und 5 der oben zitierten »Kurzbiographie« der Wille ins Spiel kommt. Er ist ein ganz entscheidender Faktor. Wer etwas wirklich will und sich mit ganzer Kraft dafür einsetzt, hat in den meisten Fällen gute Chancen, dies auch zu erreichen.

Die Zielerreichung hängt von der Willenskraft ab

Wenn Sie für sich einmal prüfen wollen, mit wie viel Entschiedenheit Sie Ihre fachlichen und persönlichen Ziele verfolgen, dann können Sie die folgende Willensskala nutzen.

Wenn es z. B. für Sie ein Ziel wäre, rechtzeitig mit den Vorbereitungen eines Vortrags fertig zu sein, wo würden Sie Ihre persönliche Zielformulierung auf dieser Willensskala finden?

WILLSENSKALA

- »Ich werde ... rechtzeitig fertig sein ...«
- »Ich will ...«
- »Ich muss ...«
- »Ich müsste ...«
- »Ich würde gerne ...«
- »Ich sollte mal wieder ...«
- »Ich müsste eigentlich ...«

WILLENSKRAFT
0 Prozent — 100 Prozent

PERSÖNLICHE ENTWICKLUNG

Wie stark Ihr Wille ist, können Sie ebenfalls feststellen, wenn Sie sich vornehmen, eine der im folgenden Kapitel dargestellten Übungen zur Entspannung zu praktizieren. Wie weit werden Sie wohl kommen, wenn Sie sagen: »*Ich würde gerne ...*«? – Und wie stark fühlt sich dagegen ein »*Ich will ... und ich werde ...!*« an?

5 GRUNDÜBUNGEN ZUR ENTSPANNUNG UND SELBSTSICHERHEIT

SIE ERHALTEN IN DIESEM KAPITEL ...

... eine Auswahl von verschiedenen körperlichen und mentalen Übungen zur Entspannung und Stärkung. In den vorangegangenen Kapiteln haben Sie zahlreiche Anregungen bekommen, wie Sie eher kurzfristig mit Anspannung und Lampenfieber umgehen können. Die nachfolgenden Übungen sind von grundsätzlicherer Natur.

»Freund, stürze Dich in die Erfahrung, solange Du am Leben bist! Wenn Du Deine Fesseln nicht durchtrennst, solange Du am Leben bist, meinst Du dann, dass irgendwelche Geister dies später für Dich tun werden?«
(KABIR – INDISCHER DICHTER)

5.1 Standfest wie ein Baum – Gleichgewicht und Erdung

ZIELSETZUNG DER ÜBUNG:
Steigerung eines sicheren Körpergefühls, körperliches Gleichgewicht, Erdung.

HINTERGRUND DER ÜBUNG:

Viele Menschen sind nicht in ihrem idealen körperlichen Gleichgewicht

Viele Menschen sind nicht in ihrem idealen körperlichen Gleichgewicht. Im vorangegangen Kapitel 2 zur Körpersprache haben Sie bereits einiges über den sicheren und stabilen Stand erfahren. Die folgende Übung kann Sie unterstützen, immer mehr

Standfest wie ein Baum – Gleichgewicht und Erdung

in Ihr Gleichgewicht zu kommen, dabei stabil zu werden und gleichzeitig doch beweglich zu bleiben.

Abb. 9: Standfest wie ein Baum

Ablauf der Übung:

Stellen Sie Ihre Füße parallel und schulterbreit nebeneinander, stehen Sie aufrecht, gerade und entspannt. Wenn Sie das Gefühl haben, dass Ihre Schultern etwas nach unten zusammengesackt sind, hilft es, sich vorzustellen, wie Sie sich selbst ein Stück in eine aufrechte, gerade Position ziehen – wie an einer Schnur, die am hinteren Teil Ihres Kopfes angebracht ist.

Ihre Beine sind gerade, die Knie sind nicht durchgedrückt und ganz leicht gebeugt. Ihr Becken ist eher ein Stück nach vorne geschoben als zurückgezogen und Ihre Rückenwirbel liegen wie ein Stapel Goldmünzen aufrecht übereinander. Ihr Blick ist gerade nach vorne gerichtet, Ihre Atmung verläuft ruhig, tief und entspannt.

Durch leichtes Wippen nach vorne, hinten und zur Seite können Sie auspendeln, ob Sie wirklich in Ihrem Körperzentrum stehen. Da, wo es am wenigsten anstrengend ist, können Sie Ihre stabilste Position finden. Das Grundgefühl hierbei ist eine gesunde Körperspannung, nicht schlaff und auch nicht hart angespannt. Das Körpergewicht ist gleichmäßig auf beide Beine verteilt, Sie spüren ihren Kontakt zur Erde, von der Sie getragen werden.

Um die Qualität dieses sicheren Standes zu erfahren, kann es Sie unterstützen, wenn Sie einmal andere Positionen einnehmen. Sie können z.B. die Beine ganz eng nebeneinander stellen. Wenn Sie nun einmal hin- und herpendeln, werden Sie merken, wie eingeschränkt Ihr Bewegungsradius ist. Wenn Sie nun noch einmal testweise die Knie komplett durchdrücken, werden Sie feststellen, dass Sie kaum noch einen Bewegungsspielraum haben, ohne aus dem Gleichgewicht zu fallen.

Genauso können Sie auch einmal die Beine extrem weit auseinander stellen und auch hier den Unterschied erspüren. Kehren Sie nach diesen Experimenten immer wieder in die stabile, sichere und schulterbreite Ausgangsposition zurück.

Anmerkungen zur Übung:

Um festzustellen, was Ihre automatische und gelernte – möglicherweise aber nicht natürliche – Grundhaltung ist, können Sie diese Übung einmal mit geschlossenen Augen vor dem Spiegel machen. Sich schulterbreit hinstellen und dann die Augen öffnen und schauen, ob Ihre Beine wirklich schulterbreit auseinander stehen; schulterbreit heißt ca. 50 cm.

Manchen Menschen hilft es, wenn sie ein inneres Bild zu Hilfe nehmen, z.B. wenn Sie so stehen wie eine Königin oder ein König. Sie werden einen Menschen, der sich seiner Kraft und Macht bewusst ist, niemals bei einer wichtigen Ansprache mit verdrehten Beinen oder einem Stand- und einem weggeknickten Spielbein stehen sehen.

Noch ein wichtiger Hinweis an alle Leserinnen: Sie können vermutlich nachvollziehen, dass, je enger die Röcke und je höher die Absätze sind, es umso schwieriger wird, tatsächlich eine stabile und mit Bodenkontakt versehene Haltung einzunehmen. Sie können für sich schauen, wie Sie gleichzeitig eine Kleidung finden, die angemessen ist, in der Sie sich wohl fühlen und die Ihnen erlaubt, einen Kontakt zur Erde herzustellen. (Es wird gesagt, dass gerade die Energie der »Mutter« Erde die weibliche Energie ist – im Gegensatz zur Energie des »Vater« Himmels.)

Schließlich sei noch angemerkt, dass Sie diese Standübung, wenn Sie es wollen, immer wieder über den Tag verteilt durchführen können, egal, ob Sie vor dem Spiegel stehen und sich die Zähne putzen, ob Sie an der Bushaltestelle warten oder ob Sie in der Schlange vor einer Kasse stehen.

5.2 Positive Visualisierung – Innere Erfolgserlebnisse

ZIELSETZUNG DER ÜBUNG:
Durchbrechen von Glaubenssätzen und Teufelskreisen, Stärkung der inneren Zuversicht und Sicherheit.

HINTERGRUND DER ÜBUNG:
Die meisten von Ihnen werden schon einmal bei einer Fernsehübertragung gesehen haben, wie Skiabfahrtsläufer die letzten Sekunden vor dem Start mit geschlossenen Augen in einer hoch konzentrierten inneren und äußerlich sichtbaren Bewegung den abgesteckten Parcours in Gedanken durchfahren. Viele Spitzensportler nutzen hier sehr erfolgreich die Methode der positiven Visualisierung, d. h. eine mentale Technik, in der sie einen gelungenen Verlauf der anstehenden Aufgabe vorwegnehmen. Dies hat einige positive Effekte auch für Vorträge und Präsentationen.

einen gelungenen Verlauf der anstehenden Aufgabe vorwegnehmen

Die Erfahrung zeigt, dass Sie eine Aussage umso souveräner und sicherer vorbringen können, je öfter Sie diese in der Vergangenheit bereits gemacht haben. Sie kennen das bestimmt, dass Sie immer sicherer dabei werden, je öfter Sie einen Vortrag halten. Im Rahmen einer positiven Vorstellungsübung können Sie die Situation des Vortrags vorab mehrfach mental durchleben und somit einen höheren Grad an Sicherheit erreichen.

Was Ihnen hier zugute kommt, funktioniert aus zwei Gründen:
Erstens, Sie nehmen inhaltlich viel von dem vorweg, was später passieren kann. Sie fühlen sich also routinierter, als dies Ihre reale Lebenserfahrung zu diesem Zeitpunkt gewährleistet hätte.
Zweitens, und das ist das Besondere dabei, das Unterbewusstsein kann reale Wirklichkeit und mentale Vorstellung

Grundübungen zur Entspannung und Selbstsicherheit

nicht unterscheiden. Das heißt, für Ihr Unterbewusstsein haben Sie die Situation genauso oft erlebt, wie Sie sie im realen oder mentalen Üben durchlaufen haben.

Positive Vorstellungen durchbrechen Teufelskreise

Dies ist deswegen so entscheidend, da mit dieser Methode so genannte typische Teufelskreise durchbrochen werden können. Ein Teufelskreis funktioniert folgendermaßen: Sie machen eine schlechte Erfahrung (z. B. eine misslungene Redesituation), Sie gehen mit einem schlechten Gefühl heraus, Sie bewahren sich dieses schlechte Gefühl und gehen mit dem gleichen Gefühl auch wieder in die nächste Redesituation. Diese misslingt natürlich, da Sie mit einem schlechten Gefühl hineingegangen sind und Sie werden wiederum mit einem bestätigten, vielleicht noch schlechteren Gefühl herausgehen und Sie ahnen schon – der Kreis schließt sich – Sie werden letztendlich sehr schnell zu dem Glaubenssatz kommen: »*Ich kann nicht vor Menschen sprechen.*«

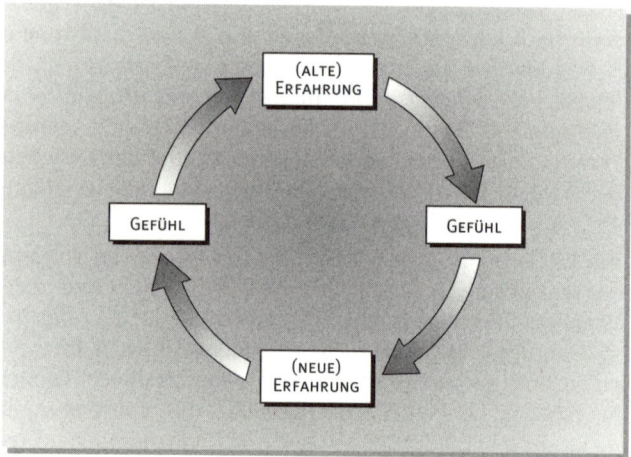

Abb. 10: Teufelskreis

Manche Menschen sind in Bezug auf spezielle Themen unausweichlich gefangen in solch festgefahrenen Teufelskreisen. Ein Ausweg hieraus kann sein, in einem sicheren, geschützten Rahmen andersartige positive Erfahrungen zu sammeln und auf die gegenüberliegende Waagschale der gesammelten negativen Realerlebnisse zu werfen. Neben realen Übungs-

Positive Visualisierung – Innere Erfolgserlebnisse

und z.B. Seminarsituationen, die einen solchen sicheren Rahmen gewährleisten, bietet das in der Folge beschriebene mentale Training eine hervorragende Möglichkeit, den negativen inneren Bildern positive entgegenzusetzen.

Abb. 11: Positive Visualisierung

Durchführung der Übung:

Sie können diese Übung in einer ruhigen Pause oder vor dem Einschlafen praktizieren. Nehmen Sie eine bequeme und entspannte Haltung im Sitzen oder Liegen ein. Es hilft, wenn Sie dabei die Augen schließen. Stellen Sie sich jetzt zunächst einmal eine Situation vor, in der Sie sich sehr wohl gefühlt haben (diese Erinnerung kann aus Ihrer Freizeit, Ihrem Urlaub etc. stammen). Nehmen Sie sich Zeit zum Einfühlen.

Wenn Sie völlig entspannt sind, können Sie in Gedanken zum Tag Ihrer herausfordernden Situation – z.B. einem wichtigen Vortrag – gehen. Sie können sich vorstellen, wie Sie morgens aufstehen, zum Kleiderschrank gehen, Ihre Kleider auswählen und anziehen, wie sie entspannt anreisen und wie Sie den Raum betreten.

Sie sehen die Menschen vor sich, die Sie freundlich anschauen, Sie gehen in Gedanken auf Ihren Platz, sie setzen sich hin und spüren, wie Sie auf dem Stuhl sitzen. Sie hören die Gespräche der anderen Menschen und Sie hören, wie Ihr

Grundübungen zur Entspannung und Selbstsicherheit

Name angekündigt wird. Sie spüren, wie Sie aufstehen, mit ruhigem und sicherem Schritt nach vorne gehen und wie Sie sich stabil und fest auf beide Beine stellen.

Sie stellen sich vor, wie sie anfangen, mit ruhiger, klarer und sicherer Stimme zu sprechen, wie Sie Ihr Publikum anschauen, wie die Menschen interessiert und freundlich zurückschauen, wie Sie langsam in Schwung kommen. Sie hören, wie sich Ihre Stimme an wichtigen Punkten erhebt, Sie sehen vor Ihrem inneren Auge, wie Sie gekonnt die eingeplanten Medien einsetzen, und Sie sehen sich zu dem gelungenen Ende des Vortrags kommen.

Sie haben alles gesagt, was Sie sagen wollten, Sie haben es so gesagt, wie Sie es sagen wollten und Sie haben es am Schluss wunderbar auf den Punkt gebracht. Sie sehen, wie Sie stabil und sicher stehen und Sie hören deutlich den Applaus und sehen die zustimmenden Blicke Ihrer Zuhörerinnen und Zuhörer. Sie halten den Applaus noch einen Moment aus, und dann gehen Sie mit ruhigem und sicherem Schritt zurück an Ihren Platz.

Vielleicht mögen Sie sich noch vorstellen, wie ein Mensch, der neben Ihnen sitzt, mit der Hand leicht Ihren Arm berührt und Ihnen zuflüstert: *»Das war Klasse!«*

Sie merken, wie Ihr ganzer Körper sich entspannt und wie sich in Ihnen eine tiefe Zufriedenheit ausbreitet. Sie können diese Bilder nun langsam verlassen und noch einen Moment mit geschlossenen Augen das Gefühl von Zufriedenheit und Entspannung im Körper spüren – und wahrnehmen, wie sich dieses Gefühl in Ihnen ausbreitet.

Anmerkungen zur Übung:

Je konkreter die Vorstellungsbilder, umso nachhaltiger die Wirkung

Diese Übung hilft umso mehr, je konkreter die Bilder sind, die Sie sich vorstellen, und die Wirkung vervielfacht sich, wenn Sie nicht nur Ihre visuelle Vorstellungskraft (innere Bilder) einsetzen, sondern alle Sinne mit ins Spiel bringen. Dann, wenn Sie buchstäblich hören, was sich in der vorgestellten Situation um Sie herum abspielt, wenn Sie mit Ihrer inneren Vorstellungskraft riechen und fühlen.

Ich weiß von Spitzensportlern, die bei der Vorbereitung auf wichtige Wettkämpfe diese Vorstellungsübungen täglich

POSITIVE VISUALISIERUNG – INNERE ERFOLGSERLEBNISSE

praktizieren gemäß dem Prinzip, wenn sie etwas in Gedanken zehn Mal erfolgreich absolviert haben, wird es beim elften Mal in der realen Wirklichkeit nicht schief gehen.

5.3 Muskelentspannung – Ich kann loslassen

ZIELSETZUNG DER ÜBUNG:
Körperentspannung und damit verbundene emotionale Entspannung.

HINTERGRUND DER ÜBUNG:
Angst ist stets von Muskelaktivität begleitet. Sehr starke Angstgefühle führen meist zu einer starken Verkrampfung der Muskulatur. Der Grad der Muskelanspannung gibt Auskunft über die innere Anspannung. Wenn ein Angstzustand in Ihnen abgeflaut ist, fühlen Sie sich danach nicht nur psychisch, sondern auch körperlich entspannter.

Um Ihre Angst abzubauen, können Sie auch genau umgekehrt vorgehen: Da Emotionen durch Muskelaktivität beeinflussbar sind, können Sie durch aktive Muskelentspannung übermäßige Aufregung und Angst reduzieren.

Körperliche Entspannung zieht emotionale Entspannung nach sich

DURCHFÜHRUNG DER ÜBUNG – AUSFÜHRLICHE FORM:
Suchen Sie sich für diese Übung einen ruhigen Raum, sorgen Sie von vornherein dafür, dass Sie nicht durch andere Menschen, Telefonklingeln usw. gestört werden. Setzen Sie sich am besten auf einen bequemen Stuhl mit Armlehnen. Lassen Sie die Arme locker auf den Lehnen liegen und entspannen Sie sich zunächst so gut Sie können.

Schließen Sie dann die rechte Hand zu einer Faust und drücken Sie sie fester und fester zusammen. Achten Sie dabei auf das Gefühl der Spannung in Ihrer rechten Faust – in der Hand – im Unterarm (5 Sekunden). Nun lassen Sie die Finger Ihrer rechten Hand ganz locker werden, achten Sie nunmehr auf das ganz andere Gefühl der Entspannung, lassen Sie die Hand hängen und versuchen Sie, noch entspannter zu werden (10 Sekunden). Jetzt wiederholen Sie das Ganze mit der linken Hand, während der übrige Körper entspannt bleibt

GRUNDÜBUNGEN ZUR ENTSPANNUNG UND SELBSTSICHERHEIT

(5 Sekunden Anspannung – 10 Sekunden Entspannung) und genießen Sie den Kontrast.

Jetzt beugen Sie beide Arme im Ellenbogengelenk und spannen Sie den Bizeps an – fester und fester (5 Sekunden), anschließend strecken Sie die Arme wieder locker aus, lassen sie entspannt auf den Armlehnen nieder und lassen das Gefühl der Entspannung auf sich wirken (10 Sekunden).

Gehen Sie jetzt in diesem Rhythmus der Anspannung und Entspannung weiter zu Ihrem Gesicht. Ziehen Sie die Augenbrauen hoch, legen Sie Ihre Stirn in Querfalten und spüren Sie anschließend, wie sich Ihre Stirn entspannt. Jetzt ziehen Sie die Augenbrauen zusammen, so fest Sie können, schließen Sie Ihre Augen fester und fester, dann lassen Sie los, entspannen Ihre Augen und halten sie dabei geschlossen, ganz leicht und entspannt, so, wie es angenehm ist. Fahren Sie fort, indem Sie nacheinander die Zähne zusammenbeißen, die Lippen zusammendrücken, bis Sie in Ihrem gesamten Kopf- und Gesichtsbereich ein Gefühl der Entspannung hergestellt haben.

Nun gehen Sie tiefer im Körper und ziehen Ihre Achseln richtig hoch und entspannen diese wieder (stets im Rhythmus: 5 Sekunden Anspannung – 10 Sekunden Entspannung). Im nächsten Schritt konzentrieren Sie sich auf Ihre Brust, atmen Sie kräftig ein, füllen Sie Ihre Lunge tief und halten Sie den Atem an, und lassen Sie anschließend mit ganz lockerem Brustkorb die Luft automatisch entweichen. Fahren Sie fort mit der Anspannung der gesamten Bauchmuskulatur bis sie ganz hart wird, und nachdem Sie diese wieder entspannt haben, wechseln Sie mit Ihrer Aufmerksamkeit auf Ihren Rücken: Drücken Sie das Kreuz durch, machen Sie es ganz hohl und achten Sie auf das Gefühl der Spannung entlang der Wirbelsäule.

Nachdem Sie den Rücken wieder entspannt und eine bequeme Haltung eingenommen haben, gehen Sie schließlich über zu Ihrem Gesäß und Ihren Oberschenkelmuskeln und nachdem Sie auch diese angespannt und wieder entspannt haben, enden Sie damit, indem Sie Ihre Beine ausstrecken, die Zehen so weit es geht nach oben ziehen und beide Beine anspannen, bevor Sie sie wieder spürbar entspannen.

Muskelentspannung – Ich kann loslassen

Sie können diesen Entspannungszustand nun beliebig lange halten. Manchen Menschen hilft es, wenn sie die Übung beenden, indem sie vor dem Aufstehen langsam rückwärts zählen: »*Vier ..., drei ..., zwei ..., eins ... ich fühle mich wohl und erfrischt, hellwach und ruhig.*«

Durchführung der Übung – Kurzform

Nicht immer werden Sie Gelegenheit haben, das ausführliche Entspannungsprogramm durchzuführen. Oft stehen nur wenige Minuten Zeit zur Verfügung, in denen Sie für sich sorgen können. Für diese kleinen Pausen ist die nachfolgende Kurzentspannung gedacht. Sie vervielfachen natürlich die Wirkung dieser Kurzentspannung, wenn Sie regelmäßig das ausführliche Entspannungsprogramm praktizieren.

Auch eine regelmäßig praktizierte Kurzform der Übung ist wirksam

Suchen Sie sich eine Zeit und einen Ort aus, wo Sie für einige Minuten ungestört sind (im Zweifelsfall die Toilette). Verschränken Sie die Arme hinter dem Kopf und drücken Sie die Ellbogen so weit es geht nach hinten, pressen sie Zähne und Lippen aufeinander, strecken Sie die Beine vor und drücken Sie die Fußspitzen ganz nach oben.

Spannen Sie alle Muskeln an, atmen Sie ein, halten Sie die Luft an und pressen Sie dabei Ihre Bauchmuskeln zusammen. Bleiben Sie in diesem Zustand, in dem Sie alle Muskeln angespannt haben und zählen Sie in Gedanken langsam bis fünf. Anschließend atmen Sie langsam wieder aus. Lassen Sie Ihre Arme und Beine dabei entspannt fallen, lockern Sie sich am ganzen Körper, bleiben Sie noch eine Weile in diesem Zustand der Entspannung.

Wenn es Ihnen hilft, sprechen Sie in Gedanken wieder die Formel: »*Vier ..., drei ..., zwei ..., eins ... ich fühle mich wohl und erfrischt, hellwach und ruhig.*«

Allein die Übung macht den Meister

Bitte beachten Sie: Wenn Sie eine Reise von Köln nach Mailand machen wollen, dann können Sie sich eine Landkarte nehmen und den genauen Weg anschauen. Sie können Reiseführer lesen, Sie können im Internet eine Routenplanung vornehmen und Sie können mit vielen Leuten sprechen, die diese Reise bereits gemacht haben – all das wird Sie jedoch keinen Meter näher nach Mailand, zu Ihrem gewünschten Ziel bringen. Alles was Sie tun müssen ist, den ersten Schritt zu gehen.

Genauso verhält es sich mit allen hier aufgezeigten oder sonstigen Übungen. Die eigene Erfahrung ist das, was entscheidet. Bei allen Programmen zur Entspannung und zur Stärkung steht und fällt die Wirkung mit der Regelmäßigkeit, mit der Sie diese Übungen durchführen, denn:

»Alle Dinge sind schwer, bevor sie leicht werden.«
(Persisches Sprichwort)

Wenn Sie etwas für sich suchen, das Sie weiterbringt, ist meine Empfehlung: Probieren Sie einfach verschiedene Sachen aus und finden das für sich, was aus Ihrer Sicht am besten zu Ihnen passt und was Ihnen am meisten Freude macht. Dann ist die Chance am größten, dass Sie es auch beibehalten.

Teil B Der Vortrag

Wenn Ihr Chef zu Ihnen sagt: »*Nächste Woche ist Ihr großer Tag, Sie dürfen das neue Konzept alleine präsentieren*«, dann wissen Sie, was Sie zu tun haben. Wenn Ihr bester Freund, Ihre beste Freundin heiratet und weiß, dass Sie gerade ein Buch mit dem Thema »Überzeugend Vorträge halten« lesen, dann haben Sie eine klare Idee, was von Ihnen erwartet wird. Und wenn Ihnen auf der Weihnachtsfeier ein wichtiger Mensch die Hand auf die Schulter legt und sagt: »*Sie dürfen jetzt die Tischrede halten, weil Sie die/der jüngste, älteste, neueste … in diesem Kreis sind*«, dann müssen Sie in maximal fünf Minuten – gerade noch die Zeit für ein Getränk – eine unterhaltsame Rede halten können.

Was Sie dazu brauchen ist Handwerkszeug, um diese Situationen sicher zu meistern. Das erhalten Sie auf den folgenden Seiten.

1 Vorbereitung

> Sie erhalten in diesem Kapitel …
>
> … Leitfragen an die Hand, die Ihnen Klarheit bei der Formulierung Ihrer Zielsetzungen und punktgenaue Landungen bei Ihren Zielgruppen ermöglichen. Außerdem lernen Sie ein Planungssystem, um Ihre Vorträge inhaltlich stimmig, professionell und pünktlich vorzubereiten.

»*Wo das Herz reden darf, bedarf es keiner Vorbereitung.*«
(Gotthold Ephraim Lessing)

Das sprudelnde Herz ist die Grundvoraussetzung für gelungene Reden. Damit das, was aus Ihrem Herzen fließt, zu einem großen Strom wird und damit dieser Redefluss dort mündet, wo er soll, nämlich bei Ihren Zuhörern, helfen Ihnen die folgenden Leitfragen:

1. Was ist Zielsetzung Ihres Vortrags?
2. Wer ist die Zielgruppe Ihres Vortrags?

1.1 Zielsetzung

»Nachdem wir das Ziel endgültig aus den Augen verloren hatten, verdoppelten wir unsere Anstrengungen.«
(Mark Twain)

Die Kernfrage ist, was sollen Ihre Zuhörerinnen und Zuhörer nach Ihrem Vortrag

- denken,
- fühlen,
- tun?

Was sollen Ihre Zuhörer denken:

Das heißt, welche neuen Informationen sollen sie haben, welches Wissen wollen Sie ihnen vermitteln, welche Neubewertungen von bestehenden Informationen wollen Sie vornehmen, welche Verknüpfungen von Informationen soll es geben, welche Schlussfolgerungen sollen Ihre Zuhörerinnen und Zuhörer daraus ziehen?

Was sollen Ihre Zuhörer fühlen:

Wollen Sie Sympathie für sich und/oder Ihr Anliegen wecken, sollen sich die Teilnehmer wahrgenommen und gesehen fühlen, wollen Sie ihnen vielleicht Ihren Ärger ausdrücken oder wollen Sie ihnen mit Ihrer Rede einfach Freude bereiten, vielleicht auch Lob und Anerkennung aussprechen?

Was sollen Ihre Zuhörer tun:

Was sollen sie anschließend ausprobieren, kaufen, unterschreiben, buchen und auch nicht mehr sagen, nicht mehr benutzen, nicht mehr tun?

Bevor Sie im Weiteren erfahren, wie Sie Ihre Ziele mit einem Vortrag erreichen, ist es wichtig, dieses Ziel genau zu definieren:

- Welches Ziel will ich mit meinem Vortrag idealerweise erreichen?
- Mit welchem Ziel gebe ich mich schlechtestenfalls zufrieden?

ZIELSETZUNG

1. Beispiel:

Wenn Sie Kundenberater in einer großen Werbeagentur sind und gemeinsam mit Ihrem Team vor einem neuen Kunden präsentieren, kann es sein, dass es nicht Ihr Ziel ist, sofort einen Auftrag zu bekommen – möglicherweise ist es viel angemessener, zunächst einmal einen guten und professionellen Eindruck zu hinterlassen, um so die Grundlage für weitere Gespräche zu legen.

2. Beispiel:

Wenn Sie Menschen davon überzeugen wollen, mit dem Rauchen aufzuhören, kann es sein, dass Sie das allein mit einem Vortrag nicht schaffen. Die Wahrscheinlichkeit ist sogar relativ hoch, dass Sie es nicht mit einem Vortrag schaffen werden. Möglicherweise ist es ein angemessenes Ziel, dass Sie die Menschen zunächst einmal für die Folgen des Rauchens sensibilisieren, dass Ihre Zuhörerinnen und Zuhörer bereit sind, nach Ihrem Vortrag weitere Informationen über ein gesundheitspolitisches Programm anzufordern etc.

Offene und verdeckte Ziele

Vielleicht unterstützt es Sie bei Ihrer Vorbereitung, wenn Sie sich vor der Ausarbeitung noch einen Moment Zeit nehmen und sich bewusst machen, was Ihre offenen und was Ihre möglicherweise verdeckten Ziele sind.

Differenzierte und klare Zielvorstellungen sind leichter zu realisieren als der berühmte große Wurf

Beispiel:

Der junge Studienabsolvent ist nun seit einigen Monaten in einer renommierten Marketing-Agentur und heute ist der Tag, an dem er seine erste große Präsentation vor einem wichtigen Kunden halten muss. Nicht nur die Kunden sind vollständig anwesend, sondern auch der ihn betreuende Etat-Direktor und Supervisor. Das offene Ziel bei dieser Präsentation ist natürlich, den Kunden für das Konzept einzunehmen, möglicherweise ihn sogar schon in der Präsentation von einer Zustimmung zur Durchführung der Kampagne zu überzeugen.

Gleichzeitig ist es eine wichtige Präsentation für diesen Studienabsolventen und natürlich ist er sich bewusst, dass dies auch eine Testsituation ist, bei der er die Möglichkeit hat, seinen Vorgesetzten – und auch seinen Kunden – zu zeigen, dass er es drauf hat. Problematisch wird die Situation dann, wenn dieses zweite, verdeckte Ziel in den Vordergrund rückt. Nicht nur, weil das ein sicherer Auslöser für eine übermäßige Nervosität ist, sondern auch, weil die Zielrichtung unzulässig verschoben wird und möglicherweise mehr Gedanken daran gebunden sind, wie er glänzen kann, als an das, worum es der Agentur in dieser Präsentation geht.

Wenn Sie nun der Vorgesetzte dieses jungen Mannes wären, ist es auch für Sie wichtig, dass Sie sich im Vorfeld und in der Vorbereitung dieser Präsentation über die offenen und gegebenenfalls bei einzelnen Teammitgliedern verdeckten Ziele bewusst sind. So, dass Sie die Menschen, für die Sie verantwortlich sind, angemessen fordern und fördern können, so, dass Sie gute Herausforderungen bieten, an denen Menschen wachsen können und natürlich auch so, dass am Ende das Gesamtergebnis stimmt – vor allem in Bezug auf die Ziele dem Kunden gegenüber.

1.2 Zielgruppe

Wenn ein Schwede vor Italienern einen Vortrag in Schwedisch hält, so macht dies in der Regel wenig Sinn. Wie häufig kommt es allerdings vor, dass ein Fachmann vor Laien fachmännisch spricht – und genauso wenig verstanden wird wie der Schwede von den Italienern.

Sprechen Sie die Sprache Ihrer Zuhörer

Wenn Sie zu Menschen sprechen, ist es Ihre Aufgabe, so zu sprechen, dass die Menschen Sie verstehen können. Wenn Sie also vor Fachleuten sprechen und durch Ihre Sprache nicht dokumentieren, dass Sie ebenfalls eine entsprechende Fachkompetenz zu dem Thema besitzen, über das Sie sprechen, werden Sie sicherlich Akzeptanzprobleme bekommen.

Genauso verhält es sich aber auch andersherum, was in der Praxis viel weniger beachtet wird. Wenn Sie vor Laien sprechen, dann müssen Sie eben »lai'isch« sprechen. Ansonsten besteht die Gefahr, dass die Menschen, die vor Ihnen sitzen, nach Ihrem Vortrag sagen: »*Junge, der kennt sich aber gut*

ZIELGRUPPE

mit dem Thema aus – schade, dass ich nichts verstanden habe.«

Wenn Sie Ihren Vortrag vorbereiten und zielgruppengerecht sprechen wollen, ist es hilfreich, sich über folgende Fragen im Klaren zu sein:

> **Fragen zur Einschätzung Ihrer Zielgruppe**
>
> - Wer sind Ihre Teilnehmer? – Sind es Auszubildende, Studenten, Nachwuchs-Führungskräfte, erfahrene Führungskräfte, Geschäftsführer, Selbstständige oder ist es eine gemischte Gruppe?
> - Weshalb sind Ihre Teilnehmer bei Ihrem Vortrag?
> - Sind sie freiwillig gekommen, wurden sie geschickt, haben sie dafür bezahlt?
> - Was ist die Einstellung der Zuhörer zum Thema oder Anlass Ihres Vortrags? Bedeutet das, was Sie mit Ihrem Präsentationsziel anstreben, wichtige Veränderungen für Ihr Publikum?
> - Gibt es bestehende Ressentiments oder schlechte Erfahrungen mit dem Thema? Gab es vielleicht schon andere Versuche, diese Menschen von Ihrem Präsentationsziel zu überzeugen, die fehlgeschlagen sind?
> - Inwieweit möchten die Zuhörerinnen und Zuhörer von Ihnen unterhalten werden?
> - Was ist die Erwartungshaltung, was direkt im Anschluss nach Ihrem Vortrag geschehen wird? (Diskussionsrunde, Entscheidungsherbeiführung, Bedenkzeit, Mittagessen etc.)
> - Wie stehen Sie zu Ihrem Publikum? – Gibt es Menschen, die Ihnen besonders wichtig sind? Gibt es Menschen, die Ihnen besonders unsympathisch sind? – Das heißt, gibt es möglicherweise auch Menschen, die Ihnen Angst machen?
> - Wie sind Ihre bisherigen Erfahrungen mit dieser Zielgruppe?

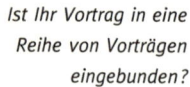

1.3 Inhaltliche Vorbereitung

Ist Ihr Vortrag in eine Reihe von Vorträgen eingebunden?

Vorweg: Sofern Ihr Vortrag in eine Reihe weiterer Vorträge eingebunden ist, können die folgenden Fragen zur thematischen Abgrenzung helfen, unangenehme Überraschungen zu vermeiden.

- Was sind die Inhalte und Zielsetzungen der anderen Vorträge?
- Gibt es mögliche inhaltliche Überschneidungen?
- Gibt es Redner, die eine Gegenmeinung zu Ihrer Position vertreten haben oder werden?

Sofern Sie bei Bedarf diese Fragen geklärt haben, kann Ihre Vorbereitung beginnen.

Phasen der Vorbereitung

1. PHASE: GÄREN LASSEN

Was tun Sie normalerweise in den ersten zwei Wochen, wenn Sie in zwei Monaten einen Vortrag halten müssen? – In den meisten Fällen vermutlich nichts, da Sie genügend andere Dinge zu tun haben, die eiliger sind. Produktiver können Sie diese Phase gestalten, wenn Sie die Zeit als aktiven Gärungsprozess nutzen. Die Idee dahinter ist, dass Sie zunächst völlig entspannt einen weiten Zugang zu dem Thema bekommen. Bevor Ihre linke Gehirnhälfte sich auf das Sortieren und Strukturieren von Daten und Fakten stürzen kann, sollte Ihre rechte Gehirnhälfte die Chance haben, das Thema in seiner Fülle mit allen kreativen Möglichkeiten zu erfassen.

Hierzu hilft es, wenn Sie sich am Anfang dieser Phase einige Minuten entspannt Zeit nehmen und den Inhalt und das Ziel des Vortrags innerlich auf sich wirken lassen. Sie verankern somit das Thema in Ihrem unteren Bewusstsein, das in dieser ersten Phase für Sie arbeitet, während Sie Ihre Kapazitäten noch für andere, eiligere Aufgaben nutzen können.

Richten Sie eine »Sammelstelle« für alle Ideen ein, die Ihnen im Laufe der Zeit kommen

Gleichzeitig empfiehlt es sich, eine schnell zugreifbare »Sammelstelle« für alle Ideen, die Ihnen in dieser Zeit kommen werden, einzurichten. Egal, ob dies ein spezielles Ablagefach auf Ihrem Schreibtisch ist, ob Sie ein neues Hängeregister installieren oder eine Extraseite dafür in Ihrem Zeitplanbuch

Inhaltliche Vorbereitung

betiteln. Sie werden erstaunt sein, wie viele Ideen Ihnen in dieser ersten Phase kommen oder über den Weg laufen.

2. Phase: Sammeln

In dieser Phase setzen Sie das aktiv fort, was Sie in der ersten Phase bereits unterschwellig begonnen haben. Ausgehend von allen Stichworten und Ideen, die Ihnen in der ersten Phase gekommen sind, beginnt nun die ausführlichere Recherche, bei der Sie alle Informationen, Berichte, Zahlen, persönliche Erfahrungen und Bilder zu Ihrem Vortragsthema sammeln. Das Ziel in dieser zweiten Phase ist, so viel wie möglich zu Ihrem Thema zusammenzutragen.

bewusstes Sammeln von Material

3. Phase: Strukturieren

Nun geht es darum, die erste Grobstruktur für Ihren Vortrag zusammenzustellen. Hierbei werden die gesammelten Informationen gebündelt, sortiert, mit Überschriften versehen und in eine erste, sinnvolle Ablaufstruktur gebracht. In dieser Phase geht der Blick noch nicht so sehr ins Detail. Das Hauptaugenmerk liegt auf der Dramaturgie, Sie planen Ihren roten Faden.

Gliedern und Ordnen des Fundus

4. Phase: Füllen

Nun geht es an die Detailausarbeitung. Sie sortieren die Inhalte innerhalb der einzelnen Strukturpunkte, Sie selektieren die Informationen, die überzählig sind, und Sie recherchieren ganz gezielt, um die letzten verbleibenden Lücken zu füllen. Vielleicht fehlen Ihnen ja noch einige aktuelle Zahlen oder Sie suchen noch ein passendes Zitat zu Ihrem Vortragsthema.

Detailplanung

5. Phase: Visualisieren und persönliche Vorbereitung

Sofern dies für Ihren Vortrag vorgesehen ist, entstehen nach der inhaltlichen Fertigstellung die Grafiken, Folien etc., die Sie einsetzen werden. Sie werden Ihr Redemanuskript erstellen, sofern Sie eines benutzen.

Schließlich bleibt noch eines: Ihre persönliche Vorbereitung. Wenn Sie gegen eine Nervosität anzukämpfen haben, können Sie z. B. die in diesem Buch beschriebenen positiven Visualisierungen oder Entspannungsübungen nutzen (Teil A,

persönliche Einstimmung

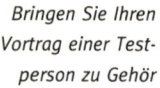

Bringen Sie Ihren Vortrag einer Testperson zu Gehör

Kap. 5). Weiterhin hat sich bewährt, den kompletten Vortrag einmal ohne Pausen testweise einem anderen Menschen vorzutragen. Dies kann ein Kollege sein, ein Freund oder die Partnerin, der Partner. Sie erfahren dabei, wie schlüssig Ihre Argumentation ist, wie fließend die Übergänge und vor allem, wie lang Ihr Vortrag ist.

1.4 Die 5-Wochen-, 5-Tage-, 5-Minuten-Regel

Es gehört wohl zu den ungeschriebenen Lebensgesetzen: Egal, ob Sie zwei Jahre, ein halbes Jahr oder einen Monat für eine Ausarbeitung haben, am Schluss fehlt immer ein Tag. Wenn Sie dieses Gesetz für sich brechen wollen, damit Sie den Abend vor Ihrer Präsentation entspannt verbringen können, empfiehlt sich folgendes Vorgehen:

Teilen Sie Ihre Vorbereitungszeit in 5 Phasen ein

Definieren Sie vorab die fünf Phasen Ihrer Vorbereitung in fünf ca. gleich große Zeitblöcke. Das heißt, wenn Sie fünf Wochen Zeit haben, nutzen Sie die erste Woche für den Gärungsprozess, sammeln Sie in der zweiten Woche alle Informationen, strukturieren Sie diese in der dritten Woche, füllen Sie die Argumentationspunkte und die Lücken in der vierten Woche und nutzen Sie die fünfte Woche für die visuelle Aufarbeitung und die persönliche Vorbereitung. Entsprechendes gilt, wenn Sie fünf Tage Zeit haben.

Und selbst, wenn Ihnen nur fünf Minuten verbleiben, kann Ihnen diese Struktur als Notfalltechnik den Hals aus der Schlinge ziehen, wie das nachfolgende Beispiel einer Stegreif-Rede zeigt.

1.5 Beispiel: Stegreif-Rede

Falls es Sie interessiert, »Stegreif« ist ein altes Wort für »Steigbügel«. Die sich hinter der Redewendung »eine Rede aus dem Stegreif zu halten« verbergende Bedeutung ist also, dass Sie gerade nach einem langen, scharfen Ritt atemlos, abgehetzt und ohne Vorbereitungszeit, gewissermaßen noch mit einem Fuß im Steigbügel das Wort erheben. Das nachfolgende Beispiel mag von außen betrachtet nicht so dramatisch sein, kann aber »innerlich« durchaus eine große Herausforderung bedeuten.

BEISPIEL: STEGREIF-REDE

Sie trinken gerade den Begrüßungscocktail auf der Hochzeitsfeier Ihres Kollegen, da werden Sie im Foyer von Ihrem Chef angesprochen, ob Sie sich vorstellen könnten, gleich ein paar nette Worte im Namen der Firma zu sprechen, da Sie doch am vertrautesten mit dem Kollegen seien. Sie atmen einmal kurz durch, sagen natürlich »Ja« und entsinnen sich glücklicherweise an die 5-Minuten-Regel zur Vorbereitung eines Vortrags.

ERSTE MINUTE (GÄREN LASSEN):
Sie lassen den Wunsch einen Moment auf sich einwirken, Sie trinken noch einen Schluck von Ihrem Cocktail und machen sich dann mit dem Gedanken vertraut, gleich am Kopfende dieses Tisches zu stehen.

ZWEITE MINUTE (SAMMELN):
Sie sammeln in Ihrem Kopf Anknüpfungspunkte und – wie in einem »Miniatur-Brainstorming« – verschiedene Ideen, was Sie gleich sagen könnten: »... es sollte ein Bezug zur heutigen Feier hergestellt werden – etwas Nettes über den Kollegen ... auf jeden Fall irgendetwas Lustiges ... vielleicht die Geschichte, wie er mutig und frech seine rostige Ente auf den Vorstandsparkplatz stellte – ...auch die Sache mit dem Weihnachtspäckchen würde passen ...«.

DRITTE MINUTE (STRUKTURIEREN):
Sie entwickeln eine Struktur (Beispiele erhalten Sie im übernächsten Kapitel). In diesem Falle entscheiden Sie sich für die Sammlung von drei Argumenten. Die gedankliche Klammer, d.h. die Fragestellung am Anfang und die Antwort am Ende, soll sich auf die Qualität des Bräutigams beziehen: »Was für ein Mann ist der Peter eigentlich?« und Sie entscheiden sich, drei Aspekte zur Beantwortung dieser Frage heranzuziehen: Erstens seinen frechen Mut, für den zweiten Punkt suchen Sie noch etwas in Richtung Herz, und drittens die Geschichte mit dem Weihnachtspäckchen.
Am besten nehmen Sie dann eine Papierserviette und malen diese Struktur für sich darauf: einen Kreis für die Einleitung, drei Kreise für die Argumente und einen Kreis

für den Abschluss. So bekommen Sie vor allem eine Vorlage für Ihr bildhaftes Gedächtnis, sodass Sie diese Struktur vor Ihrem inneren Auge abrufen können.

VIERTE MINUTE (FÜLLEN):
Sie füllen nun die einzelnen Kreise mit einem Stichwort, das Ihnen auf einen Blick zeigt, was das Kernthema dieses Punktes ist. Gleichzeitig füllen Sie den zweiten Punkt Ihrer Sammlung mit dem noch fehlenden Stichwort: die treuen Urlaubskarten an die Firma.

FÜNFTE MINUTE (PERSÖNLICHE VORBEREITUNG):
Sie schauen noch einmal auf die Serviette mit Ihren Stichworten und stecken diese dann in Ihre Tasche. Sie sorgen dafür, dass Sie ein volles Sektglas vor sich stehen haben, entspannen sich noch eine Minute und nehmen bereits Blickkontakt mit den Gästen auf, die sich am Tisch niedergelassen haben.

Dann stehen Sie langsam auf, stellen sich sicher auf beide Beine, klopfen mit Ihrem Messer an Ihr Weinglas, atmen noch einmal tief durch und sagen, was Sie zu sagen haben:

DIE HOCHZEITSANSPRACHE:

BEGRÜSSUNG/VORSTELLUNG:
»Sehr geehrte Gäste – liebe (Name der Braut), einige von Ihnen kennen mich bereits, seit zwei Jahren arbeite ich, Roland Berg, mit Peter, dem Mann des Tages, zusammen.

EINLEITUNG:
Statt schöner Worte möchte ich Ihnen zu Beginn dieser Feier eine Frage stellen (Sie blicken die Braut an): Was ist das überhaupt für ein Mann, den Sie sich für den Rest Ihres Lebens ausgesucht haben? – Sie könnten von mir dazu einiges aus dem Nähkästchen hören ... und das werden Sie jetzt auch!

1. PUNKT:
Es wird heute noch davon erzählt, wie Peter an seinem ersten Tag – als er noch keine Parkkarte hatte – seine inzwischen berühmte rostige Ente auf den Parkplatz unseres Vorstandes platzierte und den Protest des Pförtners mit den Worten kommentierte: »Ich kann meine Ente da

BEISPIEL: STEGREIF-REDE

nicht wegfahren, sie braucht nach jeder langen Fahrt erst mal eine Verschnaufpause ... – Jemand, der so etwas tut, muss mutig wie ein Löwe sein.
2. PUNKT:
Eine zweite Wahrheit: Als Peter in diesem Jahr im Urlaub war, hat er jeder unserer drei Abteilungen eine Karte geschrieben – und sogar angerufen, als ein Kollege Geburtstag hatte. – Jemand, der so etwas tut, muss ein treues Herz haben.
3. PUNKT:
Und drittens möchte ich Ihnen noch ein Geheimnis verraten – Peter, verzeih mir, dass ich hier so offen spreche – in der Woche vor Weihnachten war er es, der in einer Hauspostsendung ohne Absender eine Schachtel Weihnachtspralinen an das Schreibbüro schickte. – Jemand, der so etwas tut, muss edel wie ein Ritter sein.
ABSCHLUSS:
Ich frage Sie: Wo gibt es heute noch Männer, die mutig wie Löwen und edelmütig wie Ritter sind und dabei auch noch ein treues Herz haben? – (Zur Braut) Ich komme zu dem Ergebnis: Ein Mann wie Peter ist die beste Wahl, die Sie treffen konnten – herzlichen Glückwunsch! (Sie erheben das Glas) – Zum Wohl!«

2 EINLEITUNG EINES VORTRAGS

> SIE ERHALTEN IN DIESEM KAPITEL ...
> ... *Hinweise für einen gelungenen Einstieg und Sie bekommen zahlreiche Anregungen aus der Praxis, wie Sie diesen Start aufmerksamkeitsstark gestalten können.*

»*Fang' nie mit dem Anfang an, sondern immer drei Meilen vor dem Anfang! Etwa so: Meine Damen und meine Herren! Bevor ich zum Thema des heutigen Abends komme, lassen Sie mich Ihnen kurz ...*«
(KURT TUCHOLSKY, Ratschläge für einen schlechten Redner)
Manchmal stehen am Anfang einige Formalien: Sie müssen Ihre Zuhörerinnen und Zuhörer begrüßen, vielleicht wollen

Einleitung eines Vortrags

Sie Ihre Freude ausdrücken, dass Sie hier reden dürfen, eventuell steht auch eine persönliche Vorstellung an.

2.1 Begrüßung

Bevor Sie jeden einzelnen Vorstand, den Betriebsrat respektive den Herrn Bürgermeister und die Vorsitzende des Schützenvereins einzeln ansprechen, bedenken Sie, dass all dies Sie in eine formale Rolle presst. Nach all dem, was Sie im ersten Teil dieses Buches gelesen haben, können Sie vielleicht nachvollziehen, dass, je enger Ihr Korsett der formalen Rednerrolle geschnürt ist, desto geringer Ihre Ausstrahlungskraft und Ihr Feuer sind.

Die Empfehlung ist: Halten Sie die Begrüßungsformalien so kurz wie möglich und sprechen Sie die Menschen vor Ihnen so persönlich, wie es der Rahmen erlaubt, an.

2.2 Freude ausdrücken

Wenn Ihnen mulmig im Bauch ist, Sie nervös sind und Sie eigentlich lieber auf dem Mars (bzw. auf der Venus) sein wollen als hier am Rednerpult, dann sparen Sie sich getrost die Formulierung: *»Ich freue mich...«*. Sie können versichert sein, dass Ihnen das sowieso niemand abnimmt. Vielleicht mögen Sie lieber für sich prüfen, welche Formulierung authentischer, echter und somit glaubwürdiger ankommt.

Seien Sie möglichst authentisch

Zum Beispiel etwas in der Richtung:
»Es ist für mich wirklich etwas Besonderes/Spannendes, hier vor Ihnen zu sprechen...« oder
»... ich bin schon etwas aufgeregt...«

Stellen Sie Ihr Licht nicht unter den Scheffel

Und noch ein Hinweis: Wenn Sie wirklich etwas zu sagen haben, dann ist es nicht angemessen, eine Formulierung wie *»... dass ich vor Ihnen sprechen darf...«* zu benutzen. Genauso wenig wie andere kleinmachende Formulierungen, z.B. *»... möchte ich Ihnen kurz etwas präsentieren...«*. Es ist natürlich schwer, solche typischen Formulierungen zu vermeiden und sie sind immer wieder in vielen Vorträgen zu beobachten. Was Ihnen hilft dies zu vermeiden, sind vor allem die Empfehlungen im ersten Teil dieses Buches. Die

Freude ausdrücken

Empfehlungen, sich mit der eigenen Überzeugungskraft und dem Gefühl zu verbinden, dass Sie wirklich etwas zu sagen haben.

2.3 Persönliche Vorstellung

Wenn Sie sich nicht sicher sind, ob alle Zuhörerinnen und Zuhörer wissen, wer Sie sind, stellen Sie sich vor – mit Ihrem vollständigen Namen und auch mit Ihrer Aufgabe und Position: »... *Die meisten von Ihnen kennen mich, einige nicht: Ich bin ...*«.

Es hilft, wenn Sie Ihren Namen zusätzlich wiederfindbar visualisieren, z. B. vorab in der Agenda oder nach Ihrer Vorstellung auf dem Flipchart.

Visualisieren Sie Ihren Namen

Übrigens: Wenn Sie möchten, prüfen Sie einmal für sich, wie viel mehr Ausdruck der eigenen Persönlichkeit die Formulierung hat »*Ich bin ...*« – gegenüber der Formulierung »*Mein Name ist ...*«.

2.4 Tipps für einen gelungenen Einstieg

So, die Formalien sind erledigt – nun geht es zur Sache. Grundsätzlich kann gesagt werden, dass so ziemlich alles – außer vielleicht das Schweigen – geeigneter ist einen Vortrag zu beginnen als die Fakten. Es gibt viele Möglichkeiten für einen interessanten Einstieg.

Tipps für einen interessanten Einstieg
- Mit einem Zitat.
- Sie erzählen eine kleine Geschichte/Metapher/Anekdote.
- Sie stellen eine provozierende oder persönlich Frage.
- Sie stellen eine absurde These auf.
- Sie beziehen sich auf etwas ganz Aktuelles (Nachrichtenmeldung/Sport etc.).
- Sie beginnen mit einem Beispiel aus der Gedankenwelt Ihrer Zuhörerinnen und Zuhörer (Analogie).

Einleitung eines Vortrags

Beispiele:

Um das Ganze greifbar zu machen einige Beispiele. Wenn Sie z. B. einen Vortrag zum Thema: »Stressbedingte Krankheiten und Gesundheitsvorsorge« halten wollten, könnten Sie folgendermaßen einsteigen:

ZITAT	»*No sports ... (Pause); diese Worte von Winston Churchill ...*«
GESCHICHTE	»*Ich möchte Ihnen die Geschichte vom alten, müden Rennpferd erzählen ... (Pause); eines Tages ...*«
FRAGE	»*Wie oft hören Sie oder sagen Sie vielleicht selbst die Worte: Ich bin im Moment so unter Druck ... (Pause); dieser Druck, den so viele Menschen spüren ...*«
ABSURDE THESE	»*Sport ist Mord ... (Pause) ... sagen viele Menschen – tatsächlich aber ...*«
AKTUELLES	»*Vielleicht haben einige von Ihnen auch heute in den Nachrichten gehört: Die Krankenkassen werden ihre Beiträge im nächsten Jahr wieder erhöhen ... (Pause); was hat das mit Ihnen zu tun ...*«
ANALOGIE	»*Wenn Sie sich einmal vorstellen, auf Ihrem Herd zu Hause steht ein Schnellkochtopf, bei dem das Überdruckventil verstopft ist; der Druck wird höher und höher ... (Pause); ganz schön gefährlich, werden einige von Ihnen jetzt denken, und ich frage Sie, ist es nicht ebenso gefährlich ...*«

2.5 Das verbale Lasso weit schwingen

Wenn eine Bekannte Sie gebeten hat, sie am Kölner Flughafen abzuholen, so würden Sie schwerlich auf die Idee kommen, am Düsseldorfer Hauptbahnhof zu warten. Völlig unsinnig, sagt der gesunde Menschenverstand. Doch genau das passiert häufig bei Vorträgen: Das Publikum wird einfach nicht da abgeholt, wo es gerade ist.

Holen sie Ihr Publikum da ab, wo es ist

Ich habe einmal erlebt, wie jemand einen Vortrag mit den Worten begann: »*Sie alle haben sich ja schon einmal Ge-*

Das verbale Lasso weit schwingen

danken gemacht, ob Skifahren umweltschädlich ist ...« – Ein lautes »Nein« hallte von zwei Seiten des Raumes. Dadurch gestärkt, musste ein weiterer Zuhörer zum Besten geben: *»Hören Sie, ich fahre überhaupt kein Ski.«* – Ein Wort gab das andere, und es dauerte keine zwei Minuten, bis der unglückselige Redner seine Sicherheit und auch sein gesamtes Einstiegskonzept verloren hatte.

Wenn Sie nicht genau wissen, wo Ihre Zuhörergruppe in Bezug auf das Thema steht oder wenn Sie vor einer heterogenen Gruppe sprechen, dann macht es Sinn, das verbale Lasso am Anfang Ihres Vortrags sehr weit zu schwingen. Das heißt, mit etwas weicheren Formulierungen zu beginnen, wenn Sie anfänglichen Widerstand vermeiden bzw. gar nicht erst erzeugen wollen, z. B.:

den Einstieg so wählen, dass sich die meisten Zuhörer angesprochen fühlen können

- *»Die meisten von Ihnen ...«*
- *»Einige, vielleicht sogar viele von Ihnen ...«*
- *»Der Großteil von Ihnen ...«*

Diese und ähnliche Formulierungen haben den Vorteil, dass selbst diejenigen in Ihrem Publikum, die nun gar nicht betroffen sind, kein (inneres) Nein formulieren müssen, da sie ja zustimmen werden, dass die meisten davon betroffen sind.

1. Beispiel

Das Ziel Ihres Vortrags ist es, Menschen zu motivieren, öfter mit der Bahn zu fahren. Dann könnte Ihr Einstieg z. B. folgendermaßen aussehen:

»Ich vermute, dass FAST ALLE VON IHNEN den Führerschein haben und DIE MEISTEN VON IHNEN täglich auch mit dem Auto zur Arbeit fahren bzw. häufiger weite Strecken zurücklegen ...« –

Es folgen bildhafte Darstellungen über die Probleme und den Stress beim Autofahren, und Sie schildern anschließend, wie schön es doch wäre, wenn all diese Probleme nicht existieren würden, um dann immer näher an Ihre Lösung heranzukommen: Öfter einmal mit der Bahn zu fahren.

2. Beispiel

Ihr Ziel ist es, Ihre Zuhörerinnen und Zuhörer von der Notwendigkeit der Einführung eines Prozesses zur Qualitätssicherung zu überzeugen. Dann könnte Ihr Einstieg z. B. so aussehen:

»Vielleicht kennen Sie das: Sie bekommen eine interne Arbeitsanforderung aus einer benachbarten Abteilung – und diese ist wieder einmal unvollständig. Für viele von Ihnen bedeutet dies Rennerei, Zeitverlust und für einige von Ihnen oft genug unnötigen Ärger ...« –

Nachdem dieser Ärger z. B. durch einige konkrete Beispiele spürbar genug geworden ist, könnten Sie nun einen Zustand schildern, in dem all diese Probleme nicht mehr bzw. viel weniger vorkommen, um schließlich zu Ihrer Empfehlung, dem Prozess zur Qualitätssicherung, zu gelangen.

Die grundsätzliche Empfehlung ist:

> Schwingen Sie das verbale Lasso um Ihre Zuhörer am Anfang so weit wie nötig und ziehen Sie die Schlinge am Ende so fest wie möglich, d. h., bringen Sie Ihr Anliegen auf den Punkt.

3 Struktur und Argumentation

Sie erhalten in diesem Kapitel ...

... Hinweise zur Gesamtdramaturgie von Vorträgen. Sie erfahren, welcher Aufbau die Aufmerksamkeit Ihres Publikums fesselt und Sie werden vertraut gemacht mit unterschiedlichen Argumentationsstrukturen.

»Der erste Eindruck ist der entscheidende. –
Der letzte Eindruck ist der wichtigste.«

3.1 Gesamtdramaturgie: Der »Bäng-Effekt«

Wenn Sie sich einmal vorstellen, Sie gehen mit guten Freundinnen oder Freunden ins Kino, Sie sind total gespannt auf den Film und beeilen sich, da die Vorstellung in wenigen Minuten beginnt. Während Sie die letzten Minuten am Einlass

Gesamtdramaturgie: Der »Bäng-Effekt«

mit Ihrer Karte in der Hand warten, hören Sie neben sich jemanden erzählen: »... *also, als ich das erste Mal diesen Film gesehen habe, war ich völlig überrascht, als sich kurz vor Schluss herausstellte, dass der Staatsanwalt selbst der Mörder ist ...*« – Vergeht Ihnen in solchen Momenten auch die Lust auf den Film?

Jeder spannende Kinofilm, jeder gute Krimi braucht eine spannende, fesselnde, sich immer weiter verdichtende Hinführung, die die Zuschauer oder Leser fesselt, mitreißt und ihnen das Gefühl gibt, sie müssten förmlich die Frage herausschreien: »Ja – wer ist denn der Mörder – was ist denn nun die Lösung?« – Um dann anschließend die heiß ersehnte Auflösung in einem furiosen Finale zu erfahren. Diese überraschende Auflösung wird auch mit dem Wort »Bäng-Effekt« beschrieben.

Genau das ist es, was – neben den rhetorischen Stilmitteln, die Sie im weiteren Verlauf dieses Teils kennen lernen werden – einen guten Vortrag ausmacht. Konkret heißt das: Packen Sie Ihre Zuhörerinnen und Zuhörer mit einer guten und spannende Einleitung, nehmen Sie Ihr Publikum mit auf eine unterhaltsame und spannende Wortreise und lassen Sie, sofern es immer geht, erst ganz am Schluss die Katze aus dem Sack. Wie Sie Ihre Argumentation dabei aufbauen, erfahren Sie jetzt.

Wie ein spannender Film benötigt auch ein Vortrag eine Dramaturgie

3.2 Argumentations-Strukturen

»Ordnung und Vereinfachung sind die ersten Schritte zur Bewältigung eines Themas.«
(Thomas Mann)

Hauptattraktionen vorher festlegen

Eine strukturierte Vorbereitung hilft Ihnen vor allem, sicher und frei zu sprechen, ohne dabei den roten Faden zu verlieren. Es ist genau so, als ob Sie eine große Stadt besichtigen, die Sie noch nie zuvor gesehen haben. Sie haben sich aus dem Reiseführer einige Hauptattraktionen ausgesucht, die Sie auf jeden Fall besichtigen wollen, und Sie haben auch eine Route geplant, die beste Reihenfolge zwischen diesen Attraktionen. Sie wissen, Sie haben einen halben Tag Zeit und marschieren munter drauflos in Richtung der ersten

Struktur und Argumentation

Sehenswürdigkeit. Und wenn Sie links oder rechts vom Wege etwas Nettes sehen, können Sie kurz anhalten, darauf schauen und weitergehen. Und wenn Sie vom Wege müde sind, können Sie sich auch einmal für eine Viertelstunde in ein Café setzen, einen Kaffee trinken, dann in Ruhe aufstehen und weitergehen. Und Sie werden dabei die Hauptrichtung Ihrer nächsten Attraktion nicht verlieren.

Genauso verhält es sich mit Ihrer freien Rede, die Sie anhand von vorher festgelegten Strukturpunkten vorbereitet haben. Diese Form der Vorbereitung erlaubt Ihnen, in der Herleitung und Darstellung der einzelnen Hauptpunkte frei und lebendig zu sprechen, bei Bedarf Fragen zu beantworten und immer wieder auf den Weg zurückzukommen, ohne dabei einen der Hauptstrukturpunkte zu vergessen. Mit der Garantie, dass Sie sicher am letzten Zielpunkt ankommen.

Wie fünf Finger an einer Hand

Die meisten Menschen haben an jeder Hand fünf Finger und an jedem Fuß fünf Zehen. Die meisten Menschen können mit diesen fünf Fingern – ohne groß darüber nachzudenken – die kompliziertesten Handlungen durchführen.

Lediglich fünf Gegenstände können wahrgenommen werden, ohne bewusst zu zählen

In der Wahrnehmungspsychologie kennzeichnet die Zahl fünf (bei manchen Darstellungen bis max. sieben) die magische Schwelle von Gegenständen, die Menschen wahrnehmen können, ohne bewusst zu zählen – egal, ob dies Ereignisse, Menschen oder Informationen betrifft.

Die Anstrengung für Ihr Publikum, Strukturen von mehr als fünf Einzelelementen wahrzunehmen, ist also deutlich größer als wenn Sie nur maximal fünf Elemente präsentieren. Die Zahl fünf ist daher eine geeignete Richtgröße, wenn es darum geht, einen Vortrag von der Einleitung bis zum Abschluss zu strukturieren.

Die Fähigkeit, strukturiert zu sprechen – natürlich auch zu schreiben – ist eine wesentliche Schlüsselfähigkeit, die vor allen Dingen Menschen in Beratungsberufen qualifiziert. Wenn Sie in der Lage sind, komplexe Sachverhalte klar und strukturiert darzustellen und eine schlüssige Argumentation darzulegen, dann besitzen Sie eine ganz wesentliche Fähigkeit für eine erfolgreiche Kommunikation.

ARGUMENTATIONS-STRUKTUREN

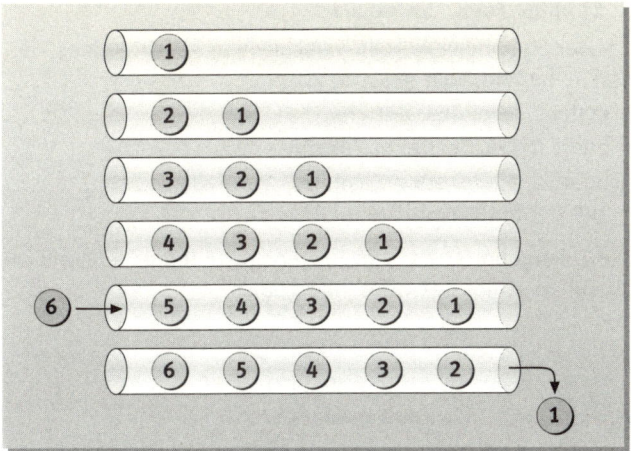

Abb. 1: Lediglich fünf Elemente bleiben im Kurzzeitgedächtnis

Im Folgenden werden Sie vier leicht nachvollziehbare Grundstrukturen kennen lernen, die Sie bei dem Aufbau eines Vortrags unterstützen.

1. Struktur-Form: KETTE

Die Strukturform der Kette eignet sich vor allen Dingen dann, wenn Sie eine Lösung vorstellen wollen, die zunächst weit von der Vorstellungswelt der Zuhörerinnen und Zuhörer entfernt ist. Schritt für Schritt nehmen Sie Ihr Publikum mit, bis Sie bei dem gewünschten Ergebnis ankommen.

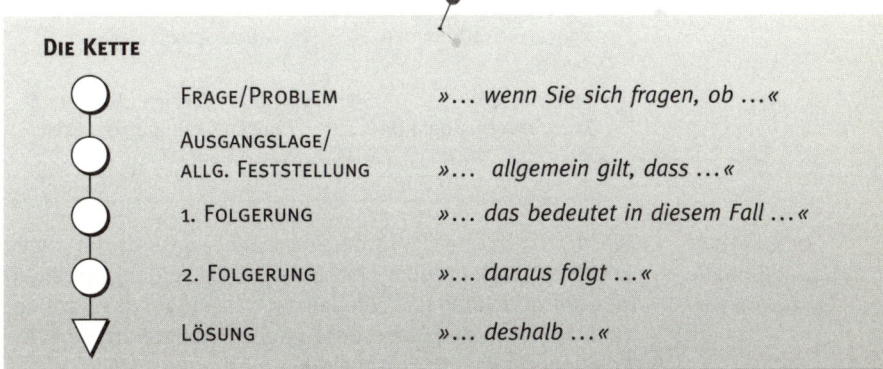

Struktur und Argumentation

2. Struktur-Form: SAMMLUNG

Bei der Sammlung werden verschiedene Aspekte eines Themas nebeneinander gestellt, z. B.:
- erstens, zweitens, drittens,
- oder: früher, heute, in Zukunft,
- oder: aus Marketing-Sicht, aus Vertriebs-Sicht, aus Controlling-Sicht etc.

Die Teilergebnisse der einzelnen Aspekte führen letztendlich zu einem schlüssigen Gesamtergebnis.

DIE SAMMLUNG

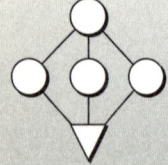

FRAGE/PROBLEM	»... das Problem ist ...«
DREI ASPEKTE	»... wenn Sie drei Aspekte anschauen: ... erstens, ... zweitens, ... drittens ...«
LÖSUNG	»... darum ...«

3. Struktur-Form: ALTERNATIVE

Bei sehr kontroversen Themen eignet sich die Form der Alternative. Die verschiedenen Positionen werden sortiert und nacheinander dargestellt:

- Pro ⟷ Kontra,
- die Befürworter sagen ⟷ die Gegner sagen,
- konservative Stimmen sagen ⟷ neuere Ansätze zeigen,
- im Sinne der kurzfristigen Liquidität ⟷ zur langfristigen Sicherung unserer Zahlungsfähigkeit

etc.

Ein klares Entscheidungskriterium ist unabdingbar

Wichtig ist bei der Form der Alternative, dass es ein klares Entscheidungskriterium gibt. Dieses Entscheidungskriterium ist gewissermaßen das Zünglein an der Waage, das nach der zunächst neutralen Darstellung der beiden unterschiedlichen Positionen zu einer Entscheidung führt.

ARGUMENTATIONS-STRUKTUREN

Dies sollte mehr sein als: »*Und ich meine, dass ...*«. Dieses Entscheidungskriterium sollte Gewicht haben, also z.B. eine im Hause anerkannte Philosophie sein, z.B.:

- »*Im Sinne einer dienstleistungsorientierten Politik ...*«,
- oder »*...Wenn Sie sich nun einmal die Wachstumsziele unseres Hauses vor Augen führen, dann können Sie nur zu der Entscheidung kommen, dass ...*«,
- oder: »*Um den Markenbesitzständen Ihres Produktes treu zu bleiben ...*«

DIE ALTERNATIVE

FRAGE/PROBLEM	»*... wenn Sie vor der Entscheidung stehen ...*«
PRO UND KONTRA	»*... auf der einen Seite ... auf der anderen Seite ...*«
ENTSCHEIDUNGS-KRITERIUM	»*... unser langfristiges Ziel ist ...*«
LÖSUNG	»*... deshalb ...*«

---

4. Struktur-Form: SYNTHESE

Die Synthese beginnt zunächst genau wie die Alternative mit einer Sortierung der Meinung und der Gegenmeinung, allerdings gibt es hier kein Entscheidungskriterium oder die klare Weiterverfolgung einer Linie. Vielmehr wird nach der Darstellung der beiden Positionen eine neue Frage gestellt, die darauf ausgerichtet ist, eine Interessenverbindung herzustellen; also nicht:

- »*Sollen wir das eine oder das andere realisieren?*«

sondern:

- »*Wie können wir es schaffen, dass gleichermaßen ... (die Interessen der einen Seite) und ... (die Interessen der Gegenseite) realisiert werden?*«

Die im Rahmen der Synthese angebotenen Lösungen sind daher Ideen, die geeignet sind, eine Verbindung zwischen gegensätzlichen Positionen herzustellen. Dies erfordert kreativere, neue Lösungen und Lösungsideen.

Zusammenführung der gegensätzlichen Interessen

Die Synthese

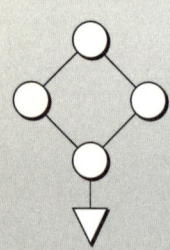

Frage/Problem	»... die Frage ist ...«
Meinung versus Gegenmeinung	»... die Befürworter sagen die Gegner sagen ...«
Neue Frage: Interessenverbindung	»... die Frage ist: Wie kann sowohl ... als auch ...«
Lösung/Synthese	»... eine neue Lösungsidee ist ...«

3.3 Kurzbeispiele

Nachfolgend erhalten Sie zu jeder der vier oben genannten Argumentationsstrukturen ein kurzes Beispiel. Die Fragestellung ist jeweils die gleiche: »*Soll in den Büroräumen ein Rauchverbot gelten oder nicht?*«

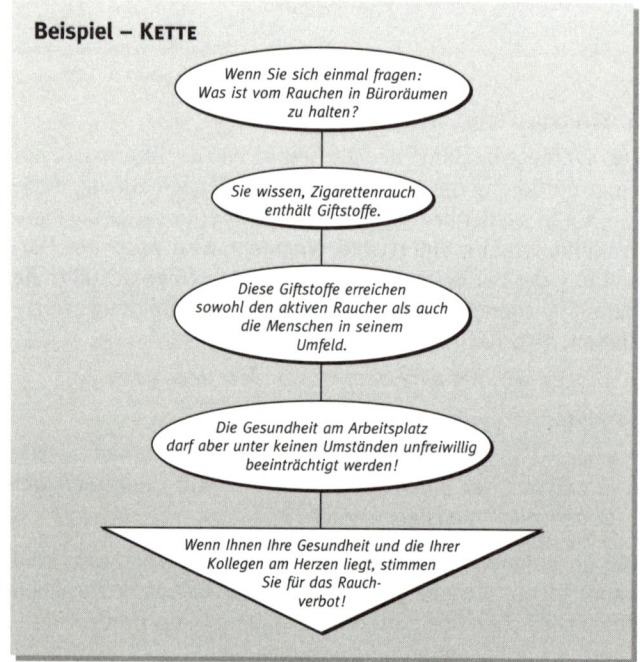

KURZBEISPIELE

Beispiel – SAMMLUNG

Wie stehen Sie zu der Frage, ob in unseren Büroräumen weiter geraucht werden darf? – Dazu möchte ich Ihnen drei Aspekte vor Augen führen:

Erstens: Es ist erwiesen, dass auch Nichtraucher durch passives Rauchen geschädigt werden.

Zweitens: Sie wissen, wie unangenehm es ist, wenn Ihre Kleidung nach einem Kneipenbesuch nach Rauch stinkt – genauso unangenehm ist es, wenn Sie so verräuchert einen Kunden von uns empfangen.

Und drittens: Die vollen Aschenbecher, die überall auf den Schreibtischen und den Besprechungstischen herumstehen, riechen nicht nur unangenehm, sondern entsprechen auch optisch nicht unseren Vorstellungen.

Daher liegt heute der Vorschlag zur Abstimmung hier, dass zukünftig nur noch im Raucherbereich der Kantine geraucht werden darf.

Beispiel – ALTERNATIVE

Sie stehen heute vor der Abstimmung, ob in unseren Büroräumen weiter geraucht werden darf oder nicht.

Auf der einen Seite ist es sicherlich so, dass Rauchen nur eine Form von persönlichem Laster ist, die in den privaten Entscheidungsbereich des Einzelnen fällt.

Auf der anderen Seite ist es so, dass nun gerade das Rauchen nicht nur Auswirkungen auf den Raucher selbst, sondern auch auf sein Umfeld hat.

Da Rücksicht und Toleranz ein fester Bestandteil unserer Zusammenarbeit sind, kann das Rauchen in den Büroräumen nicht mehr akzeptiert werden. (= Entscheidungskriterium)

Wenn Sie also weiterhin zu den Grundzügen unserer Zusammenarbeit stehen, dann stimmen Sie für das Rauchverbot am Arbeitsplatz.

85

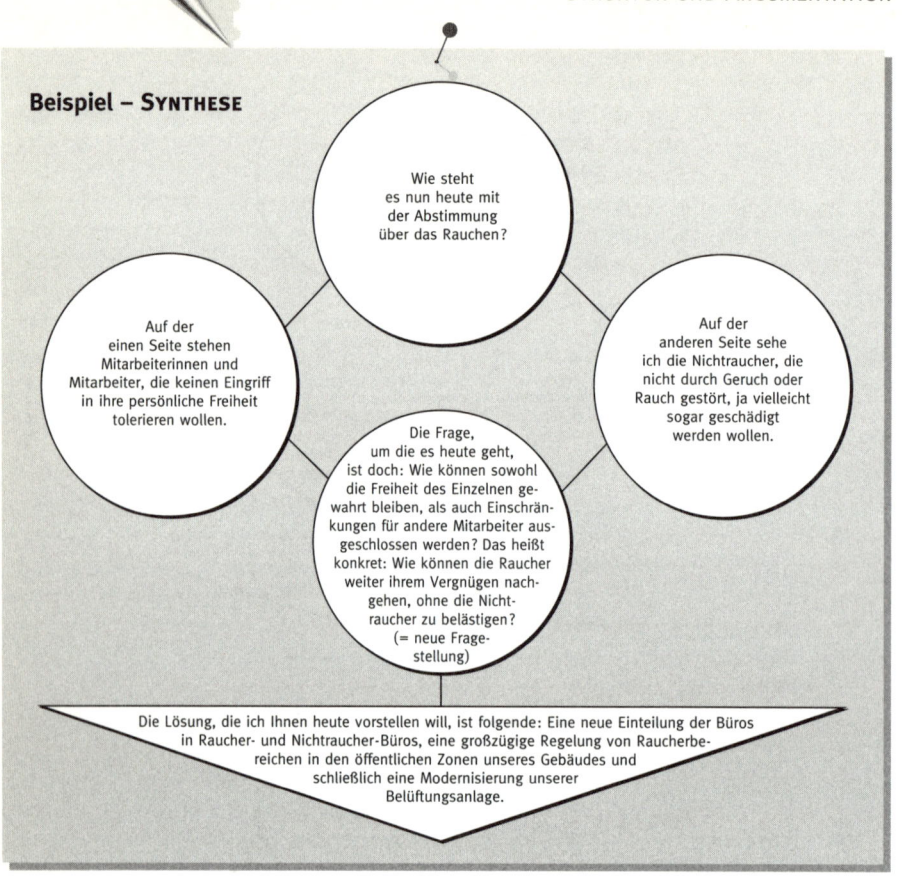

3.4 Weitere Tipps zur Argumentation

Diese Form der Strukturierung hilft nicht nur Ihrem Publikum, Ihren Ausführungen sicher zu folgen, sie hilft auch Ihnen bei der Vorbereitung Ihres Vortrags. Sie hilft Ihnen, die Vielzahl von möglichen Argumenten zu selektieren, zu sortieren und zu strukturieren. Wenn Ihnen die Gewichtung und Reihenfolge Ihrer Argumente klar ist, kann auch Ihre Vortragsdramaturgie das Optimum erreichen, das möglich ist.

Es ist oft zu beobachten, dass Menschen dazu neigen, wenn sie unsortierte Argumente vorbringen, am Schluss noch nachzulegen, d.h., weitere Argumente aus der Tasche zu ziehen.

Weitere Tipps zur Argumentation

Meist aus einem unbewussten Gefühl, dass die vorgebrachten Argumente noch nicht ausreichen. Das Problem dabei ist, dass diese nachgeschobenen Argumente oft nicht die stärksten sind und dass sich Gegner und Kritiker genau auf diese letztgenannten schwachen Argumente stürzen. Wenn Sie dahingegen Ihre stärksten Argumente vorab auswählen und diese in der Reihenfolge ihrer wachsenden Bedeutung vortragen, bauen Sie eine stabile Argumentation auf.

Bringen Sie Ihre stärksten Argumente am Schluss

Noch einige konkrete Hinweise zur Argumentation:

- Genauso, wie ein Dach am sichersten von gleichstarken Säulen getragen wird, ist anzuraten, die Proportionen der einzelnen Vortragsteile ähnlich umfangreich zu gestalten. Sie erleichtern damit Ihrem Publikum den Überblick.
- Wenn Sie einen Vortrag halten, bei dem Sie mit starken oder immer wieder typischen Gegenargumenten rechnen, kann es sinnvoll sein, diese ganz am Anfang Ihres Vortrags selbst zu nennen und diese dann, soweit es geht, selbst zu entkräften bzw. zu relativieren, um anschließend Ihre positive Argumentation aufzubauen. Dies hilft, dass Menschen nicht Ihren gesamten Vortrag durch eine zu kritische Brille betrachten müssen.

Nehmen Sie potenziellen Gegnern den Wind aus den Segeln: Entkräften Sie bekannte Gegenargumente selbst

Praxistipp: Offene Synthese als Notfalltechnik

Manchmal sitzen Sie vielleicht in Situationen, wo Sie etwas gefragt werden und genau wissen, Sie können mit Ihrer Antwort nur verlieren, z. B. weil der Streit zwischen Befürwortern und Gegnern einer Frage schon so lange währt, dass Sie als neuer Mitarbeiter nur zwischen die Fronten geraten können. In diesem Fall hat sich die so genannte »offene Synthese« bestens bewährt.

Die Argumentation in Form einer offenen Synthese beginnt zunächst genau wie die oben beschriebene Synthese:

- Nach der Fragestellung erfolgt erst die Darstellung der einen Position,
- anschließend eine Schilderung der Interessen der Gegenposition
- und danach die neue, zusammenführende Fragestellung, die nach einer neuen Lösung unter Berücksichtigung aller Interessen fragt.

Struktur und Argumentation

Der Trick im Rahmen der offenen Synthese ist nun, dass Sie mit dieser (oftmals wirklich) neuen Frage als vorläufiges Ergebnis enden, ohne selbst die Antwort zu haben.

Zur Verdeutlichung ein Beispiel

Sie geraten als neuer Mitarbeiter in eine Diskussion im Vertriebsbereich, ob ein neues Produkt eingeführt werden soll oder nicht. Sie wissen, diese Diskussion wird bereits seit knapp einem Jahr geführt, die Marketing-Abteilung ist entschieden dafür, da davon ausgegangen wird, dass dieses neue Produkt einen großen neuen Markt haben könnte.

Sie wissen aber auch, dass die Vertriebsleitung strikt gegen die Einführung dieses neuen Produktes ist, da die Vertriebsmitarbeiter bereits jetzt mit den bestehenden Produkten völlig überlastet sind.

Und wenn Sie nun mit der Frage das symbolische Schwert auf die Brust gesetzt bekommen: »*Nun sagen Sie doch mal, junger Mann, Sie als neuer Mitarbeiter, wie stehen Sie eigentlich zu der Einführung des neuen Produktes?*«, dann könnte Ihre Antwort im Sinne einer offenen Synthese z. B. lauten:

PROBLEM	»*Nun, ich weiß, dass dies schon lange eine sehr wichtige Frage im Haus ist.*«
ERSTE POSITION	»*Ich weiß auch, dass die Einführung dieses Produktes uns auf der einen Seite neue Märkte erschließen würde.*«
GEGENPOSITION	»*Auf der anderen Seite ist es aber so, dass die Qualität der bestehenden Außendienstarbeit nicht durch eine weitere Ausdehnung unseres Produktsortimentes beeinträchtigt werden sollte.*«
NEUE FRAGE-STELLUNG	»*Für mich steht daher die Frage im Raum: Wie können wir diese neuen Marktchancen nutzen und dabei gleichzeitig die Fülle unserer Angebote übersichtlich halten?*«

Weitere Tipps zur Argumentation

Lösung (bleibt offen, wird ggf. nur angedeutet)	»Natürlich kann ich das aus meiner kurzen Erfahrung in diesem Bereich nicht entscheiden. Vielleicht macht es Sinn, noch einmal die gesamte Produktpalette zu überprüfen ...«

Mit einer solchen oder einer ähnlichen Argumentation können Sie es vermeiden, eine zu diesem Zeitpunkt vielleicht gar nicht mögliche Festlegung vorzunehmen und können gleichzeitig doch eine kompetente und klare Meinung zu dem Problem abgeben.

3.5 Der Aufbau von längeren Vorträgen

Im Prinzip haben Sie nun schon alles an der Hand, um einen Vortrag zu strukturieren. Sei es nun, ob Sie wirklich fünf Sätze in einem kurzen Statement von sich geben wollen oder ob Sie zu jedem der fünf Punkte eine und einige Minuten frei sprechen.

Die Struktur für noch längere Vorträge können Sie ganz einfach durch eine weitere Unterstrukturierung nach den oben stehenden Prinzipien erreichen.

Das heißt, innerhalb eines jeden Einzelpunkts können Sie bei Bedarf eine passende 5-Punkte-Unterstruktur einfügen. Sie kommen so zu einer Gesamtstruktur mit bis zu fünf mal fünf, also 25 Stichpunkten.

Bei einer klaren Struktur können Sie auch bei 25 Unterpunkten frei sprechen

Zu diesen 25 Punkten können Sie dann jeweils frei sprechen, immer im Bewusstsein, Sie bewegen sich innerhalb einer klaren und sicheren Struktur.

Beispiel

THEMA: Eine Entscheidungsvorlage zu einer möglichen Produkteinführung vortragen.

HAUPTSTRUKTUR: Sie entscheiden sich in diesem Fall für eine Sammlung als Hauptstruktur. Sie werden darin drei Bereiche beleuchten: Produktion, Vertrieb und Marketing.

UNTERSTRUKTUREN: Als Unterstrukturen wählen Sie folgende Argumentationsformen:

STRUKTUR UND ARGUMENTATION

- Gesamteinleitung: KETTE
- 1. Hauptpunkt Produktion: ALTERNATIVE
- 2. Hauptpunkt Vertrieb: SYNTHESE
- 3. Hauptpunkt Marketing: SAMMLUNG
- Gesamtlösung: SAMMLUNG aus den Teillösungen der Hauptpunkte

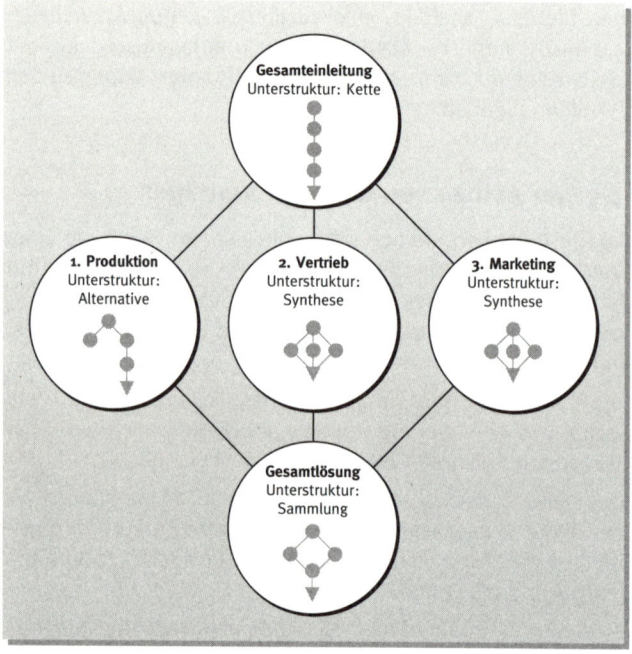

Abb. 2: Hauptstruktur mit Unterstrukturen (5x5 Unterpunkte)

GESAMTEINLEITUNG »WICHTIGKEIT DER FRAGESTELLUNG«
(Unterstruktur: Kette)

FRAGE: »Sie alle sind heute zusammengekommen, um über die Einführung der bekannten neuen Produktidee zu entscheiden. Wie wichtig ist diese Frage für unser Unternehmen?

Der Aufbau von längeren Vorträgen

AUSGANGSLAGE:	*Sie wissen, dass bereits zwei unserer Konkurrenten ein ähnliches Produkt eingeführt haben.*
1. FOLGERUNG:	*Das bedeutet, unser Außendienst wird immer häufiger mit der Frage konfrontiert: Gibt es das bald auch von euch oder müssen wir zur Konkurrenz wechseln?*
2. FOLGERUNG:	*Und Sie wissen, dass unser Außendienst bisher dazu keine klare Stellung beziehen kann, da die Entscheidung in unserem Unternehmen noch nicht gefallen ist.*
KONSEQUENZ:	*Deshalb: Es ist wichtig, dass wir heute diese Frage einmal konsequent prüfen und zu einer eindeutigen Stellungnahme kommen. Sie werden dazu Informationen aus drei Bereichen erhalten:*

1. HAUPTPUNKT »PRODUKTION«
(Unterstruktur: Alternative)

FRAGE:	*Erstens: Wie steht es um die Produktionsmöglichkeiten? Es gibt grundsätzlich zwei Wege:*	
PRO UND KONTRA:	*Auf der einen Seite könnten wir dieses neue Produkt bis zu einem hohen Fertigungsgrad fremd beziehen.*	*Auf der anderen Seite haben wir die technischen Möglichkeiten dieses Produkt auch komplett selbst herzustellen. Sie sehen auf der folgenden Grafik, dass unsere Produktionsauslastung dies ebenfalls zulässt.*
ENTSCHEIDUNGS-KRITERIUM:	*Unter Kostengesichtspunkten empfiehlt sich nach den vorliegenden Zahlen deutlich die Produktion in unserem eigenen Unternehmen.*	
Lösung:	*Ich halte fest, wenn wir das Produkt herstellen wollten, könnten wir dies tun.*	

Struktur und Argumentation

2. Hauptpunkt »Vertrieb«
(Unterstruktur: Synthese)

Frage: Als nächstes möchte ich mit Ihnen den Bereich Vertrieb betrachten. – Wie sieht es dort aus mit einer möglichen Produkteinführung?

Meinung vs. Gegenmeinung: Sie wissen, auf der einen Seite würde es unsere Vertriebsmannschaft unterstützen, wenn sie mit dieser erweiterten Produktpalette in den Markt ginge.

Auf der anderen Seite sind die Damen und Herren des Vertriebs bereits jetzt völlig ausgelastet mit der breiten Produktpalette und den wenigen Durchgängen, die wir bei den einzelnen Kunden haben.

Neue Frage: Die Frage kann an dieser Stelle nur sein: Wie kann der Vertrieb das neue Produkt mit in den Markt bringen und gleichzeitig eine Entlastung erhalten?

Lösung: Der Vorschlag, den ich Ihnen heute machen möchte ist, dass wir das gestoppte Projekt des EDV-gestützten Vertriebs mit aller Kraft vorantreiben und bis zum Ende diesen Jahres alle Außendienstmitarbeiterinnen und -mitarbeiter schulen und mit Laptops ausstatten. Wenn Sie dies mittragen, dann wird der Vertrieb in der Lage sein, dieses neue Produkt in einer qualifizierten Beratung mit anzubieten.

3. Hauptpunkt »Marketing«
(Unterstruktur: Sammlung)

Frage: Schließlich und drittens möchte ich mit Ihnen einen Blick auf den Marketing-Bereich werfen. Die Frage ist, welche Ressourcen hat Marketing, um die Einführung des neuen Produkts zu unterstützen? Drei Aspekte möchte ich Ihnen nennen:

DER AUFBAU VON LÄNGEREN VORTRÄGEN

DREI ASPEKE:	Erstens, es gibt noch freie Mediabudgets, die wir für die Einführung des neuen Produkts nutzen könnten	Zweitens, im Rahmen unseres neuen Dachkonzeptes zur Verkaufsförderung wäre eine Integration des neuen Produkts ohne großen Aufwand möglich.	Drittens: Die internen Routinearbeiten, die mit der Einführung des neuen Produkts verbunden wären, könnten zu einem großen Teil durch den neuen Trainee abgedeckt werden.
LÖSUNG:	Daraus folgt: Im Marketingbereich ist eine ausreichende Unterstützung der Produkteinführung gewährleistet.		

GESAMTLÖSUNG
(Unterstruktur: Sammlung aus den Teillösungen der Hauptpunkte)

FRAGE:	Welche Schlussfolgerung können Sie nun aus diesen Informationen ziehen?		
DREI ASPEKE:	Sie wissen, unsere Fertigung ist in der Lage, das neue Produkt selbst herzustellen.	Sie haben eine Möglichkeit aufgezeigt bekommen, wie der Vertrieb das neue Produkt schlüssig in unsere Produktpalette aufnehmen kann	und Sie haben erfahren, dass Marketing sowohl finanzielle als auch personelle Ressourcen frei hat.
LÖSUNG:	Wenn Sie sich diese Aspekte heute vor Augen führen, dann kann Ihre Entscheidung nur lauten: ein klares Ja für die Einführung des neuen Produkts!«		

Soweit dieses Beispiel – natürlich würde im Originalvortrag jeder Unterpunkt detaillierter ausgeführt werden.

Wenn Sie einen längeren Vortrag in einer so klaren Struktur vorbereitet haben und halten, dann hilft Ihnen das auch,

Struktur und Argumentation

nach Zwischenfragen und längeren Diskussionen wieder zurück zu Ihrem roten Faden zu finden.

Wenn sich z. B. bei dem Thema der Kosten für die Laptop-Ausstattung des Vertriebs eine längere Diskussion ergibt (aus aller Erfahrung ergibt sich eine solche Diskussion immer an diesem Punkt), so können Sie diese Diskussion gewähren lassen, ohne Ihren roten Faden zu verlieren. Sobald sich die Gemüter wieder ein Stück beruhigt haben, können Sie ganz klar den Faden wieder aufnehmen, z. B. mit den Worten:

Eine klare Strukturierung sichert Ihren roten Faden

»Wo stehen wir nun gerade? Zunächst hatten wir heute einen Blick auf die Produktionsressourcen geworfen, nun hatten wir eine längere Diskussion über die möglichen Zusatzkosten im Vertrieb. Ich möchte die Ergebnisse dieser Diskussion noch einmal kurz zusammenfassen, um dann im dritten Schritt mit Ihnen auf den Bereich Marketing zu schauen.«

Struktur in weiteren Kommunikationssituationen

Sie können diese Form der strukturierten Argumentation nicht nur bei Vorträgen und Präsentationen, sondern bei allen Diskussionen, Meetings etc. einsetzen. Wenn Sie Ihre Meinung, Ihren Standpunkt schlüssig herleiten, ist Ihre Position stets um Längen stabiler als unsortierte, halbherzige Meinungsäußerungen.

Wenn Sie diese Form des strukturierten Sprechens für sich nutzen wollen, ist es sinnvoll, dies zunächst eine Zeitlang immer wieder bei kleinen Vorträgen, kurzen Präsentationen und schriftlichen Ausarbeitungen (auch Briefen!) zu nutzen. Natürlich werden Sie feststellen, dass die Themen des Lebens viel organischer sind als diese Musterstrukturen; mal bedarf es mehr als fünf Punkte, mal müssen drei Möglichkeiten gegenübergestellt werden, manchmal will auch keine dieser vier Beispielstrukturen passen.

Trotzdem hilft es, zunächst diese Formen konsequenter zu nutzen, bis Sie sie wirklich beherrschen. Im Laufe der Zeit können Sie dann immer freier und souveräner damit umgehen. Und lassen Sie sich von Rückschlägen nicht unterkriegen, denn: Auch die besten Reiter haben einmal an der Longe angefangen, und selbst John Wayne hat etwas Zeit gebraucht, bis er so lässig im Sattel sitzen konnte.

4 Abschluss eines Vortrags

> Sie erhalten in diesem Kapitel...
> ...Empfehlungen, wie Sie am Schluss Ihres Vortrags einen gelungenen und überzeugenden Endspurt hinlegen.

»Eine Rede ist wie eine Liebesaffäre: Jeder Dummkopf kann damit anfangen, aber sie zu Ende zu bringen, erfordert einige Geschicklichkeit.«
(LORD MANCROFT)

4.1 Auf den Punkt bringen

So frei Sie auch sprechen mögen in Ihren Vorträgen, so festgelegt und im Klaren sollten Sie sich vorher sein, was der letzte Satz, der Appell oder die Aufforderung sein soll; das, was Sie Ihrem Publikum mit auf den Weg geben wollen. Ein phantastisches 400-Meter-Rennen ist wertlos, wenn Sie die letzten zehn Meter austrudeln.

Planen Sie Ihren Schlusssatz genau

JE KLARER SIE DAS, WAS SIE AUSGEFÜHRT HABEN, AM ENDE MIT EINEM SATZ AUF DEN PUNKT BRINGEN, JE SICHERER WIRD ES IN DEN KÖPFEN IHRER ZUHÖRERINNEN UND ZUHÖRER HÄNGEN BLEIBEN.

Einige Beispiele:
- *»Wenn Sie Ihren Umsatz in zwei Jahren verdoppeln wollen, dann wagen Sie diesen Schritt.«*
- *»Wenn Ihnen Ihr Leben lieb ist, dann tragen Sie einen Schutzhelm – immer!«*
- *»Keine Macht den Drogen!«*
- *»Nie wieder Krieg!«*

4.2 Ebenbürtige Haltung

Darüber hinaus kann es entscheidend für den Erfolg oder Misserfolg Ihres Vortrags sein, aus welcher Haltung heraus

Abschluss eines Vortrags

Sie Ihren Schlussappell vorbringen. Vergleichen Sie einmal die drei folgenden Möglichkeiten:

- » ... Und deshalb bitte ich Sie, bitte spenden Sie 10 Euro, bitte, seien Sie doch so gut ...«
- » ... Und ich fordere Sie auf, spenden Sie 10 Euro, jetzt, hier und sofort; es ist Ihre verdammte Pflicht, dies zu tun!«
- » ... Und wenn Sie das Gefühl haben, es ist richtig Menschen zu helfen, die nicht so gut im Leben gestellt sind, dann können Sie dies jetzt mit einem Betrag von 10 Euro möglich machen.«

Abb. 3: Innere Haltung beim Schlussappell

Manche Redner neigen dazu, sich am Ende ihres Vortrags unterzuordnen und um etwas zu bitten. Sie binden sich dadurch nicht nur emotional an ihre Zuhörerinnen und Zuhörer, sie machen damit auch den Erfolg ihres gesamten Vortrags von der Zustimmung ihres Publikums abhängig.

Andere Menschen wiederum neigen dazu, sich (nicht nur in Vorträgen) überzuordnen. Wenn sie unangemessen stark etwas fordern und Menschen drängen, dann kann es sein, dass dieser Druck einen Gegendruck, einen Widerstand erzeugt und sie weniger erreichen als sie erreichen können.

Ebenbürtige Haltung

Natürlich gibt es auch Vorträge, die eines massiven Endes bedürfen; hierzu erfahren Sie weitere Details im nächsten Kapitel zur rhetorischen Kompetenz.

Wenn Sie Ihr Publikum für Ihre Meinung gewinnen wollen, ohne sich über- oder unterzuordnen, dann hilft es, wenn Sie am Ende Ihres Vortrags Ihrem Publikum ein ebenbürtiges Angebot unterbreiten, z. B. folgendermaßen:

»*Wenn Sie ... erreichen wollen, dann ...*«

»*Wenn ... für Sie wichtig ist, dann ...*«

Sie vermeiden dadurch Widerstand und wahren damit auch Ihr Gesicht, wenn niemand Ihrem Vorschlag zustimmt.

Unterbreiten Sie Ihrem Publikum am Ende Ihres Vortrags ein ebenbürtiges Angebot

4.3 Dank oder nicht?

Viele Menschen bedanken sich am Ende Ihres Vortrages für die Aufmerksamkeit. Manchmal kommt dies von Herzen, bei einigen Menschen wirkt das Bedanken am Schluss jedoch eher wie eine Floskel als ein ehrlicher, herzlicher Dank.

Natürlich können Sie sich bedanken, wenn Sie Dankbarkeit spüren. Allerdings können Sie sich auch einmal die Frage stellen, wer muss sich eigentlich am Ende eines gelungenen Vortrags bei wem bedanken? Vielleicht gibt es hier kein richtig oder falsch. Die Empfehlung ist: Bevor Sie sich automatisch bedanken, prüfen Sie einmal, ob Sie wirklich so empfinden.

Vielleicht kann Ihr Publikum statt an den Worten »*Ich danke Ihnen*« anders merken, dass Ihr Vortrag zu Ende ist; weil Ihre letzte Formulierung alles deutlich und merkbar auf den Punkt gebracht hat und weil Ihre Stimme zu einem ruhigen, tiefen Ende gekommen ist.

Nochmals der Hinweis: Halten Sie den Applaus aus! – Atmen Sie noch zwei bis drei ruhige Atemzüge und gehen Sie dann mit geradem Haupt und sicheren Schrittes zurück zu Ihrem Platz.

5 Rhetorische Kompetenz

Sie erhalten in diesem Kapitel ...

... wesentliche rhetorische Stilmittel und Werkzeuge. Sie erfahren, wie Sie durch eine direkte Ansprache Ihr Publikum interessieren können. In kompakter Form erhalten Sie alles, was Sie über den gezielten Einsatz von Worten, Sätzen, Bildern und Zitaten wissen müssen.

»Der Redner muss nicht bloß so sprechen, dass man ihn verstehen kann, sondern er muss dafür sorgen, dass man ihn schlechterdings verstehen muss.«
(Quintilian)

Seite für Seite sind Sie nun vorgedrungen bis zum Herzstück dieses Buches. In diesem Kapitel werden Sie eingeladen, in den Kunstfähigkeiten der großen Rhetoren zu stöbern. Von Staub befreit, ins Rampenlicht der Medienwelt übertragen, gibt es einiges, was sich anzusehen lohnt aus der griechischen Rednerkultur, allen voran Aristoteles und die römischen Ciceros und Quintilians.

5.1 Es ging um Leben oder Tod

Doch bevor Sie sich zum Cicero der Marketingabteilung emporschwingen, empfiehlt sich noch ein kurzer Blick in die Ursprünge der Redekunst. Vielleicht sollten Sie wissen, dass vieles, was heute unter dem Begriff Rhetorik gelehrt wird, aus den Gerichtsreden der alten griechischen Republik entstanden ist.

Gerichtsreden der alten griechischen Republik

Der athenische Bürger war, wenn er seinen Fall vor Gericht vertreten sollte, vor die Bedingung gestellt, vor mindestens 201 bis zu 1501 Personen zu sprechen, die gleichermaßen alle den Rang eines Richters für ihn hatten. Seine Aufgabe war es, diese bis zu anderthalbtausend Personen durch seine lebendige Rede von der Schuld seines Gegenübers und der eigenen Unschuld zu überzeugen. Es waren dies Reden um Leben oder Tod. Reden, die noch im wahrsten Sinne des Wortes »not-wendig« waren, d. h. das Ziel dieser Worte war es, eine reale Not zu wenden.

Es ist schön für Ihr Publikum, wenn Sie schön reden können – noch schöner ist es, wenn Sie dabei wirklich etwas zu sagen haben.

5.2 Direkte Zuhöreransprache

Das wichtigste rhetorische Werkzeug lernen Sie jetzt kennen: die direkte Zuhöreransprache.

Das Thema Kundenorientierung hat heutzutage so selbstverständlich in das Denken und Handeln der Menschen Einzug gehalten.

> DIE DIREKTE ZUHÖRERANSPRACHE IST DIE KUNDENORIENTIERUNG IN DER SPRACHE.

Ein Beispiel

Wenn Sie sich einmal vorstellen, Sie hätten eine wichtige Präsentation zu halten, vielleicht die wichtigste, die Sie in Ihrem bisherigen Berufsleben gehalten haben. Wie so oft finden Sie viel zu spät die Zeit, sich darauf vorzubereiten. Sie arbeiten die letzte Woche wie ein Verrückter, sie sammeln Informationen, Sie erstellen Charts und so langsam wächst aus einem Wust an Details ein schlüssiges Konzept. Sie wissen auch, es gibt ein, zwei Passagen, bei denen Sie auf relativ dünnem Eis stehen.

Es ist der Abend vor der Präsentation, Sie haben etwas länger als geplant im Büro gesessen, sind dann nach Hause gefahren und irgendwann müde ins Bett gefallen. Vielleicht lagen Sie noch etwas wach – der große Tag geht Ihnen im Kopf herum und irgendwann reißt Sie der Wecker aus dem Schlaf. Sie haben das Gefühl, gerade erst eingeschlafen zu sein. Gerädert stehen Sie auf, waschen sich und stehen vielleicht einen Augenblick länger vor Ihrem Kleiderschrank, da Sie heute das Gefühl haben wollen, dass das, was Sie anhaben auch wirklich stimmt.

Sie fahren los, viele Autos sind auf der Straße und treffen dann endlich ein. Die Zeit läuft, es ist fünf Minuten nach der geplanten Anfangszeit, Sie stehen auf, gehen nach vorne und beginnen das zu sagen, was Sie zu sagen haben. Sie stellen fest, dass die Unruhe im Saal sich langsam legt, dass Sie viele Augen anschauen und Sie entspannter werden.

Nun kommen Sie zu der Passage, bei der Sie sich nicht so ganz sicher fühlen. Plötzlich registrieren Sie auch den einen oder anderen kritischen Blick aus Ihrem Publikum, Sie sehen, wie ein Teilnehmer die Stirn runzelt und anfängt, sich Notizen zu machen, vorne in der ersten Reihe fangen zwei Teilnehmer an zu flüstern. Sie sehen kurz da hin, und als Sie in den Saal schauen, sehen Sie, dass kein einziger Blick mehr bei Ihnen ist.

Sie merken, wie Ihnen eine Schweißperle von der Achselhöhle langsam am Körper herunterrinnt, Ihre Stimme klingt stockender und Sie spüren, dass Ihr Magen sich etwas zusammenzieht. Sie haben das Gefühl, die ganze Aufmerksamkeit entgleitet Ihnen und vielleicht wünschen Sie sich an dieser Stelle ein einfaches aber todsicheres Werkzeug, mit dem Sie augenblicklich die Aufmerksamkeit Ihrer Zuhörerinnen und Zuhörer wieder zurückholen können ...

Bevor Sie dieses Werkzeug nun in die Hand gelegt bekommen, können Sie sich einen Moment fragen: Wie ging es Ihnen gerade, als Sie den obigen Text gelesen haben, welche Bilder, welche Situation, die Sie schon selbst durchlebt haben, kamen Ihnen möglicherweise vor Ihr inneres Auge? Konnten Sie dieses Gefühl abrufen, wie sich Ihr Magen zusammenzieht?

Ehrlich gesagt, die Katze ist bereits aus dem Sack. So, wie Sie sich vermutlich durch den obigen Text haben persönlich ansprechen lassen, genauso können auch Sie Ihre Zuhörerinnen und Zuhörer in Ihren Redebann holen.

> DER GOLDENE SCHLÜSSEL DER RHETORIK IST EIN EINZIGES WORT: »SIE« DIE VERWENDUNG DIESES WORTES UNTERSCHEIDET ERFOLGREICHE VON ERFOLGLOSEN REDNERN.

Direkte Zuhöreransprache

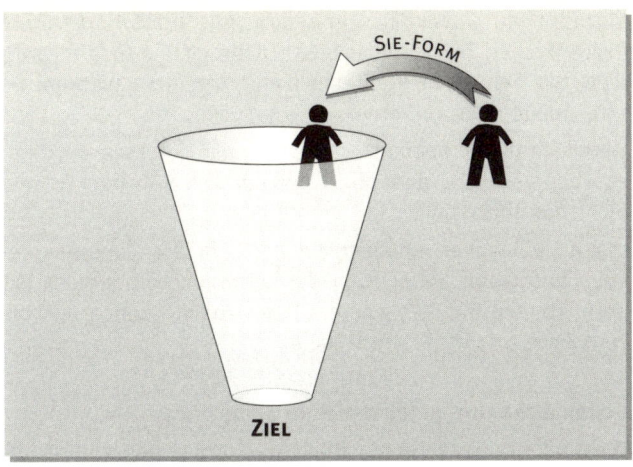

Abb. 4: Die direkte Ansprache zieht Ihr Publikum in den Vortrag

Machten Sie sich die Mühe und würden nachzählen, würden Sie feststellen, dass im obigen Text 34 mal die Sie-Form benutzt wurde: ... *Sie* hatten eine wichtige Präsentation vorzubereiten, *Sie* sind nicht rechtzeitig dazu gekommen, *Sie* hatten den Stress am letzten Abend, *Sie* sind vom Wecker aus dem Bett geschmissen worden und *Sie* haben vielleicht auch die Schweißperle unter Ihrer Achsel gespürt und am Schluss waren es höchstwahrscheinlich auch *Sie*, der Sie nun die Lösung für dieses Problem haben wollten.

Vermutlich wäre die Wirkung anders gewesen, wenn der Text nicht in der direkten Ansprache (= Sie-Form) formuliert gewesen wäre, z. B.: »... *man* muss oft wichtige Präsentationen vorbereiten ... und *man* kann dann oft nicht schlafen und *man* kommt abgehetzt ...«

Grundsätzlich haben Sie drei Möglichkeiten, über menschliches Verhalten zu sprechen:

- unpersönlich   »... MAN sollte ...«
- über sich   »... ICH mache immer ...«
- zu Ihrem Publikum »... SIE könnten ausprobieren ...«

drei Möglichkeiten, über menschliches Verhalten zu sprechen

Wenn Sie nur unpersönlich sprechen (»man«-Aussagen), ohne von Ihren eigenen Erfahrungen und Kompetenzen etwas

Rhetorische Kompetenz

einzubringen (»ich«-Aussagen) und ohne Ihre Zuhörer direkt anzusprechen (»Sie«-Aussagen), dann ist die Gefahr groß, dass Sie bei Ihrem Publikum wenig Interesse wecken, es schlimmstenfalls verlieren.

Wenn Sie zu viel über sich sprechen (»ich«-Aussagen), kann es ebenfalls sein, dass Ihr Publikum sich von dem Thema nicht betroffen fühlt.

Wenn Sie dagegen inhaltlich aus der Sicht Ihrer Zuhörer sprechen und wenn dabei auch die Form zuhörerorientiert ist, dann können Sie Menschen in Ihren Vortrag ziehen und bis zum Ende an Ihre Worte fesseln.

Gedankliche und gefühlsmäßige Einbindung

Die Sie-Form wirkt gleichermaßen im Plural wie im Singular

Die direkte Ansprache durch die Sie-Form ermöglicht die gedankliche und emotionale Einbindung Ihres Publikums. Die Sie-Form hat dabei einen unschlagbaren Vorteil: Sie wirkt gleichermaßen im Plural wie im Singular, d. h. Sie sprechen mit dem Wort »Sie« gleichzeitig Ihr gesamtes Publikum (Sie alle) an und gleichermaßen fühlt sich jede und jeder Einzelne durch das »Sie« auch persönlich angesprochen.

Die Sie-Form ist der psychologische Schlüssel, mit dem Sie es ermöglichen können, dass die einzelnen Menschen aus Ihrem Publikum sich mit Ihrem Anliegen identifizieren.

Formulierungsbeispiele:

- *»Sie erfahren heute ...«*
- *»Wenn Sie sich einmal vorstellen ...«*
- *»Erinnern Sie sich noch wie das war, als ...?«*
- *»Sie haben es vielleicht auch schon erlebt, dass ...«*
- *»Wie fühlen Sie sich, wenn ...?«*
- *»Wenn Sie vor der Entscheidung stünden ...«*
- *»Wenn Sie sich die Frage stellen ...«*
- *»Wie geht es Ihnen, wenn Sie sich vorstellen ...?«*

Eine häufig empfohlene Richtgröße zur Gewichtung dieser Möglichkeiten in Ihren Vorträgen ist: Wenn die drei Möglichkeiten, die es gibt, ein Kuchen wären, dann sollten ca. drei viertel der Torte in der Sie-Form und ein Viertel in der

Direkte Zuhöreransprache

Ich-Form gehalten sein. Die Ich-Aussagen dienen dabei vor allem der Unterstreichung der persönlichen Kompetenz und zum Einbringen von eigenen förderlichen Erfahrungen. Die neutrale Sach-Form (vor allem die unsäglichen »man«-Aussagen) können Sie getrost aus Ihrem Redeschatz streichen.

Zur Unterscheidung und Verdeutlichung jeweils ein Beispiel:

Unpersönliche Aussagen (neutral/»man«)

➡ nicht empfehlenswert

ABLAUFVORSTELLUNG: »*Teil 1 des heutigen Vortrags beschäftigt sich mit ...*«

EINLEITUNG: »*Das Thema Qualitätssicherung ist wichtig. Es sind folgende Auswirkungen in der Praxis zu beobachten ...*«

ARGUMENTATION: »*Man beobachtet dabei Vor- und Nachteile ...*«

ABSCHLUSS: »*Das sind die Fakten. Man muss nun die Entscheidung fällen, ob ...*«

Selbstorientierte Aussagen (»ich«)

➡ nicht durchgehend empfehlenswert, lediglich eingeträufelt als Beleg der eigenen Kompetenz

ABLAUFVORSTELLUNG: »*Ich werde Ihnen heute ... erzählen ...*«

EINLEITUNG: »*Ich halte das Thema Qualitätssicherung für sehr wichtig, die möglichen Auswirkungen ...*«

ARGUMENTATION: »*Ich kann Ihnen sagen, folgende Vor- und Nachteile ...*«

ABSCHLUSS: »*Ich empfehle Ihnen die Durchführung des Qualitätssicherungsprozesses in Ihrem Unternehmen.*«

Zuhörerorientierte Aussagen (»Sie«)

➡ empfehlenswert

ABLAUFVORSTELLUNG: »*Sie erhalten zunächst einen Überblick der wichtigsten ...*«

RHETORISCHE KOMPETENZ

EINLEITUNG:	»Wenn Sie sich einmal fragen, welche Auswirkungen ein Qualitätssicherungs- rungsprozess in Ihrer Abteilung hätte …?«
ARGUMENTATION:	»Auf der einen Seite haben Sie bestimmt auch schon die Erfahrung gemacht … Andererseits fragen Sie sich vielleicht …«
ABSCHLUSS:	»Wenn Sie diese Vorteile für sich zukünftig nutzen wollen, dann können Sie sich von uns in diesem Prozess begleiten lassen.«

Manche Dozenten oder Redner, die mit dieser Technik vertraut sind, nutzen abschweifende Blicke im Zuhörerkreis wie einen festen Erinnerungsschüssel, um kurz selbst zu prüfen, ob sie gerade *über etwas* sprechen oder ob sie gerade ihr Publikum *direkt* ansprechen.

Ein Wort zum »wir«

Viele Berater machen vor dem Kunden nur noch Wir-Aussagen

Wie verhält es sich mit der Verwendung der Wir-Form? – Es hat sich heute in vielen Unternehmen, vor allen Dingen im Agenturbereich, im Beratungsbereich und bei anderen Dienstleistungsunternehmen eingespielt, dass viele Berater vor dem Kunden nur noch Wir-Aussagen machen. Es gibt sogar Unternehmen, die dies verbindlich vorgeben.

Auf der einen Seite ist das Interesse nachzuvollziehen, dass hinter den gesprochenen Worten nicht der einzelne Mensch, sondern die Kompetenz und Größe eines ganzen Unternehmens stehen.

Andererseits können Sie sich fragen: Was passiert in Ihrem Büro, wenn jemand sagt: »*Wir müssten mal den Aktenstapel hinter dem Kopierer sortieren?*« – vermutlich nichts.

Das »wir« lässt vieles unverbindlich und offen.

Vielleicht hilft Ihnen hier eine gedankliche und sprachliche Differenzierung: »UNSER *Team hat ein interessantes Konzept für Sie ausgearbeitet.* WIR *haben lange daran gearbeitet, und* ICH *bin derjenige, der Ihnen das heute präsentieren wird.*«

DIREKTE ZUHÖRERANSPRACHE

Ein Wort zur Arroganz

Noch ein Hinweis: Manchmal befürchten Menschen, dass sie, wenn sie ihre Zuhörerinnen und Zuhörer direkt ansprechen, wie es oben empfohlen wurde, für aufdringlich oder arrogant gehalten werden. Hierzu zwei Antworten:

1. Wenn Sie tatsächlich eine innere Haltung der Überordnung, der Arroganz haben, dann können Sie sagen, was Sie wollen; dies wird immer durchscheinen.

2. Auch und gerade mit der Sie-Form ist es Ihnen möglich, Ihrem Publikum Angebote zu unterbreiten statt Forderungen zu stellen:

Angebote unterbreiten statt Forderungen zu stellen

Beispiel für eine Forderung: »*Stellen Sie sich einmal ein Krokodil mit roten Punkten vor.*«

Beispiel für ein Angebot: »*Wenn Sie sich nun ein leuchtend gelbes Krokodil vorstellen würden ...*«.

In der Regel ist es so: Beide Arten von Formulierungen erzeugen zwar die gewünschten Bilder, aber nur die zweite Form, das Angebot, vermeidet Widerstand.

5.3 Zwanzig Regeln für eine lebendige und kraftvolle Sprache

VORWARNUNG

»*Versuche keine Effekte zu erzielen, die nicht in Deinem Wesen sind!*«

Vielleicht ist das die wichtigste Empfehlung, die Kurt Tucholsky 1930 in seinen Ratschlägen für einen guten Redner formuliert hat. Es ist gut, Neues auszuprobieren, aber: Starten Sie nicht mit einem Witz, wenn Sie kein Witze-Erzähler sind; starten Sie nicht provozierend, wenn Provokation für Sie ein wesensferner Zug ist –

BLEIBEN SIE VOR ALLEN DINGEN SICH SELBST TREU BEI DIESEN UND ALLEN FOLGENDEN EMPFEHLUNGEN ZUR RHETORIK.

Sie können diese 20 Regeln als eine Auswahl betrachten, aus der Sie, abhängig vom Redeanlass und von Ihrem persönlichen Heimathafen, das für Sie Richtige und Wichtige auswählen.

Regel 1: Überflüssige Worte streichen!

Statt vieler Worte – Ermutigungen gegen den Wortschwall:

»*Wer's nicht einfach und klar sagen kann, der soll schweigen und weiterarbeiten bis er's klar sagen kann.*«
(KARL POPPER)

»*Kraftvolle Sprache ist kurz und bündig. Ein Satz darf kein unnötiges Wort enthalten, ein Absatz keinen unnötigen Satz – aus demselben Grund, aus dem eine Zeichnung keine unnötige Linien und eine Maschine keine unnötigen Teile enthält.*«
(WILLIAM STRUNK)

»*Mach's Maul auf! Tritt fest auf! Hör' bald auf!*«
(MARTIN LUTHER)

Denn ...

»*Wat jestrichen is, kann nich durchfalln.*«
(OTTO BRAHMS)

Regel 2: Kurze Worte bevorzugen!

Je weniger Silben ein Wort hat, desto verständlicher ist es. So manch einer, der sich schon über die *Winterbekleidungstrageverordnung* aufgeregt hat, verkündet am nächsten Tag eine *Mediaplankorrektur* oder erzählt etwas über die *Planbudgetkontrollmaßnahmen* bis er schließlich die *Arbeitsplatzsicherungskonzepte* vorstellt.

Das Gefährdungspotenzial (wie wäre es denn mit *Risiko*?) dieser Wort-Ungetüme ist nicht zu unterschätzen. Wie archetypisch kraftvoll sind dagegen die Einsilber, die sofort in Herz und Bauch ankommen: »Hass und Neid«, »Wut und Gier«, »Feind und Freund«.

Regel 3: Konkrete Worte wählen!

So lange die Bedeutung korrekt bleibt, ist das Konkrete gegenüber dem Generellen zu bevorzugen.

Zwanzig Regeln für lebendige und kraftvolle Sprache

Wenn Sie versuchen *Gliedmaßen* zu zeichnen, werden Sie sowieso *Arme* und *Beine* auf das Papier bringen. Wenn Sie *Haustiere* hören, denken Sie mit Sicherheit an *Hunde* und *Katzen* und wenn Sie den *Weihnachtsschmuck* aus dem Keller holen, dann holen Sie vermutlich *Kugeln*, *Kerzen* und *Strohsterne*.

Genauso können Sie als Rednerin oder Redner den Menschen vor Ihnen Konkretes anbieten:

Bevor sich Ihr Publikum selbst ausmalen muss, wie der *schlechte Zustand der Firma* aussieht, können Sie gleich von *leeren Kassen*, *überalteten Produkten* und *marodem Maschinenpark* sprechen.

Anstatt Ihre Mitarbeiter zu loben, dass sie *gute Arbeit* leisten, anerkennen Sie lieber die *freiwilligen Überstunden,* die *pünktliche Fertigstellung des wichtigen Projektes* und die *reibungslose Zusammenarbeit aller Fachabteilungen*.

Bevor Ihr Publikum den Faden verliert, weil es die *Kostenkompensation durch die Umsatzausweitung* noch verdauen muss, sprechen Sie lieber gleich davon, dass sie nun endlich an dem Punkt sind, wo *mehr rein als raus kommt*, dass ab sofort *schwarze Zahlen statt roter Zahlen* in der Bilanz erscheinen.

Konkrete Worte wecken konkrete Vorstellungen und binden so Ihr Publikum

Regel 4: Bildfähige Formulierungen anbieten!

Sie können bei jedem einzelnen Wort prüfen, ob es bildfähig ist oder nicht. Ein Wort wie *Angstzustand* müssen Sie erst selbst mit Bildern füllen, bevor dazu eine Vorstellung vor Ihrem inneren Auge entsteht – dagegen schaffen *feuchte Hände* und ein *zugeschnürter Hals* sofort ein Bild.

Bildfähige Worte bleiben länger in der Erinnerung als abstrakte Worte. Gelungene bildfähige Formulierungen können selbst noch nach zweitausend Jahren unvergessen bleiben, weil sie das ermöglichen, was Abstraktes nicht kann: Sie erzeugen starke Reaktionen, sie öffnen den Geist und das Herz und sie verankern sich in tieferen Bewusstseinsschichten.

Wenn Sie hierzu weitere Anregungen haben wollen, erhalten Sie in den Literaturhinweisen eine Empfehlung, oder Sie schauen gleich in das zweitausend Jahre alte Buch, welches der Ursprung für so viele Metaphern und bildhafte Formu-

Bildfähige Worte bleiben länger in der Erinnerung als abstrakte Worte

RHETORISCHE KOMPETENZ

lierungen ist, die heute so selbstverständlich in unseren Sprachgebrauch übergegangen sind.

Einige Kostproben daraus:

»Das hieße, Perlen vor die Säue werfen.«

»Ich habe Himmel und Hölle in Bewegung gesetzt, die Zähne zusammengebissen, mein Leid in mich gefressen, obwohl ich mehr Schulden als Haare auf dem Kopf habe.«

»Wind sät, wird Sturm ernten.«

»Ich lege die Axt an die Wurzel allen Übels. Es wird nicht ein Stein auf dem anderen bleiben.«

»Das heißt auf Sand bauen.«

»Ich werden ihnen das Maul stopfen, diesen Wölfen im Schafspelz.«

»Ich soll wohl der Sündenbock sein, den du in die Wüste schicken willst?«

»Menschenskind, sei ein Mann, du Erdenkloß!«

»Schütt' dein Herz aus; ich werde dich auf Händen tragen.«

»Ich würde auf keinen grünen Zweig kommen. Die Haare stehen mir zu Berge, da gehe ich lieber in Sack und Asche, damit ich alt und grau werde.«

»Jetzt geht mir ein Licht auf, wie Schuppen fällt es mir von den Augen.«

Regel 5: Kraftworte zulassen!

Kraftworte sind vor allen Dingen Worte, die kraftvoll sind

Auch wenn Sie es sonst nicht so häufig tun, dann dürfen Sie es sich jetzt erlauben, in einem Kapitel zum Thema Rhetorik Worte einmal wörtlich zu nehmen. Kraftworte sind nicht nur etwas Verbotenes, *Kraftworte* sind vor allen Dingen Worte, die *kraftvoll* sind.

Was glauben Sie, was mit Ihrer Sprache passiert, wenn Sie alle Kraftworte herausstreichen. Manches, was ein Leben lang hinter Verboten aus dem ersten Kindergarten-Halbjahr im Verborgenen liegt, gehört hervorgezogen und in den Saal geschleudert.

Die Handlungen, die massiv gegen Ihre ethische Überzeugung verstoßen, sind doch wenigstens *eine Riesensauerei*.

Und vielleicht sprechen Sie es einfach einmal aus, dass das, was Ihnen den Magen umstülpt, tatsächlich *zum Kotzen* ist.

Und schließlich, bevor Sie wochenlang die Faust in der Tasche tragen, übrigens nicht weit von den Geschwüren im Magen entfernt, gehört die Faust doch eher auf den Tisch mit den Worten: »*Das ist Scheiße, wie es hier läuft*«.

Sie haben natürlich Recht, wenn Sie jetzt denken – Wenn das mal überall ginge. Meine Empfehlung: Probieren Sie es nicht da aus, wo es aus Ihrer Sicht wirklich nicht geht, probieren Sie es jedoch genau da aus, wo es ginge und wo Sie es sich nur noch nicht erlauben.

Regel 6: Fachsprache reduzieren!

Die fachlich-intellektuelle Evolution geht in der Regel folgendermaßen vor sich:

1. STUFE:
Am Stammtisch kann jeder über alles sprechen, vollmundig und hefeschwer. In einfachen Sätzen und mit einfacher Sprache lassen sich die großen Probleme der Wirtschaftspolitik, der Globalisierungsgefahren und des Bundesliga-Fußballs beherrschen.

2. STUFE:
Nach einer guten Ausbildung oder – besser noch – nach einem anständigen akademischen Studium werden diese Sümpfe der Trivialsprache für immer verlassen, und man ist nun in die Lage versetzt, sich so fachkompetent auszudrücken, bis der Zuhörer bald jede Kontrolle über den Sinn des Gesagten verliert. Viele Menschen bleiben auf dieser Zwischenetappe der Fachkompetenz stecken. Böse Zungen prägten gar das Wort des *Fachidioten*.

3. STUFE:
Nur die wirklich mutigen Frauen und Männer breiten ihre Flügel aus und schwingen sich empor auf das sprachlich höchste Niveau, dorthin, wo Kompliziertes wieder mit einfachen klaren Worten erläutert werden kann. Dorthin, wo der sprachliche Überblick zur Entspannung führt und wo Fachwissen nicht demonstriert, sondern genutzt wird.

Fachwissen nicht demonstrieren, sondern nutzen und Kompliziertes wieder mit einfachen, klaren Worten erläutern

Regel 7: Eingerostete Worte sprengen!

Ein Graffiti bringt es auf den Punkt:
»Am Anfang war das Wort, am Ende die Phrase.«
Wen berührt heute wirklich noch die *Umweltverschmutzung*?

Was passiert, wenn z. B. der Raum, in dem Sie arbeiten, *verschmutzt* ist? Vermutlich kommt dann mindestens einmal die Woche jemand in Ihr Büro, um dieses wieder zu säubern. Und wenn Ihre Schuhe verschmutzt sind, dann lässt sich durch den gezielten Einsatz von Bürsten und Schuhcreme dieser Zustand in der Regel vollständig beheben.

Ist das Wort *Verschmutzung* tatsächlich angemessen, wenn Sie beschreiben wollen, dass manche Gewässer bald umkippen, weil jeder Mist und Dreck darin versenkt wird? Wenn die Nordsee umkippt, dann ist sie nicht *verschmutzt*, sondern *zerstört*.

Und wie verhält es sich mit dem ersten Teil dieser eingerosteten Worthülse, der *Umwelt*?

Wo beginnt eigentlich die Umwelt – hinter dem Horizont, am Stadtrand, da wo der Wald anfängt oder vielleicht schon hinter Ihrem Fenster? Das Wort Umwelt gaukelt so harmlos vor, es gäbe da noch eine letzte Distanz zwischen Ihnen und der Welt, die irgendwo um Sie herum ist. Stimmt aber nicht. Sie sind mittendrin. Es ist nicht die Umwelt, die verschmutzt wird, sondern es geht um die *Zerstörung der Welt*.

Also: Sprechen Sie nicht von *Umweltverschmutzung*, sprechen Sie von *der Zerstörung der Welt, in der Sie leben*. – Und, wenn es Ihrem Anliegen dient: ... *in der Sie leben und in der einmal Ihre Kinder werden leben müssen!*

Geben Sie sich nicht mit den Worten zufrieden, die Ihnen andere Menschen oder Ihre ersten Gedanken zur Verfügung stellen

Dies ist eine eindeutige Ermutigung, sich nicht mit den Worten zufrieden zu geben, die Ihnen andere Menschen oder Ihre ersten Gedanken zur Verfügung stellen. So wie die Ghostwriter der Politiker neue Worte schöpfen, damit diese im Sieb der Journalisten auf dem Fischzug für die 20 Uhr-Nachrichten hängen bleiben, so können Sie für sich prüfen, ob die Worte, die Sie haben, ausreichen, Ihre Wut, Ihre Freude, Ihre Verachtung auszudrücken, ob die Worte, die Sie benutzen, das Feuer haben, sich in die Herzen Ihrer Zuhörerinnen und Zuhörer einzubrennen.

Zwanzig Regeln für lebendige und kraftvolle Sprache

Regel 8: Verben bevorzugen!

Spannend wird es immer dann, wenn etwas passiert – wenn es *brennt*, wenn es *knallt*, wenn es *einschnürt*, wenn es *befreit*, wenn es *langsam hoch kriecht*.

Bevor Sie Ihrem *Bedauern* Ausdruck verleihen, *bedauern* Sie lieber. Bevor Sie Ihre begründete *Hoffnung* aussprechen, *hoffen* Sie, und bevor Sie in die *Reflexion* gehen, *überlegen* Sie lieber. Wenn Sie mit Ihrem Vortrag Menschen bewegen wollen, helfen Ihnen Worte, die Bewegung ausdrücken: Verben.

Verben drücken nicht nur Bewegung aus – sie bewegen auch Ihre Zuhörer

Regel 9: Worteinheiten gestalten!

Wissen Sie noch die drei Dinge, die ein Franzose braucht? – *Fraternité, liberté, egalité.*

Ein sicheres Indiz dafür, dass ein rhetorisches Werkzeug Erfolg versprechend ist, ist die häufige Anwendung durch Menschen, die damit ihr Geld verdienen – z.B. in der Werbung. Ob die Redewendungen *locker und leicht, fruchtig und cremig, preiswert und gut* die Wahrheit beschreiben, steht hier nicht zur Diskussion. Die Wahrheit ist allerdings, dass solche Worteinheiten besonders erinnerungskräftig sind.

Worteinheiten sind besonders erinnerungskräftig

Manchmal bedarf es eben zweier Worte um auszudrücken, ob etwas *richtig und notwendig* ist und ob dies *immer und zu jeder Zeit gilt*; ohne *Härte und Rücksichtslosigkeit* aber *mit allen Pflichten und Verpflichtungen*, nicht nur im *Hier und Jetzt*, sondern auch *morgen und übermorgen*. Und wem *versichern und vorsorgen* nicht ausreicht, ja, wem selbst *fern, schnell, gut* nicht gut genug ist, der kann es zu *Ruhm, Glanz, Ehre, Reichtum* bringen.

Diese vierstufige Worteinheit kann sogar auf das Wort *und* verzichten; sie muss es sogar, um all ihre Kraft zu entfalten.

Regel 10: Kurze Sätze formen!

Wie lauwarm, wie halbgar kommt folgender Satz daher:
»*Nach Besichtigung des Schlachtfeldes war ihm die Erringung des Sieges möglich.*«

Wie stolz stehen dagegen folgende Worte:
»*Er kam. Er sah. Er siegte.*«

Liegt Ihnen nicht? – Probieren Sie es einfach.

RHETORISCHE KOMPETENZ

Statt zum Abschluss zu sagen:
»*Sie haben in den vorangegangenen Charts gesehen, dass die Entwicklungen unseres Umsatzes in den meisten Expansionsgebieten zwischen fünf und zehn Prozent über den Planzahlen lagen. Durch die vielen Besuche, die Sie bei unseren Kunden vorgenommen haben, haben Sie dazu beigetragen, Sie haben Ihr fachliches Know-how genutzt, die Ermöglichung dieser Ziele erfolgte durch Ihren Einsatz. Ich und nicht nur ich sprechen Ihnen hierzu die tiefste Dankbarkeit aus.*«

...sagen Sie lieber:
»*Das war ein prallvolles Jahr. Sie haben das ermöglicht – mit Schweiß und Geschick. Ich danke Ihnen!*«

Ich versichere Ihnen, Sie sind damit in guter Gesellschaft. Wer hätte schon diese Worte behalten:
»*Ich möchte mich solidarisch erklären – mit allen Bürgerinnen und Bürgern dieser Stadt; mit ihren Ängsten, mit ihren Befürchtungen, mit ihren Hoffnungen und mit ihren Zukunftsgedanken. Ich identifiziere mich mit Ihren Wertvorstellungen und Ihren Idealen. Ich erkläre mich bereit, für Ihre Interessen einzustehen, und ich werde alles erdenkliche in meiner Macht Stehende tun, um Sie zu unterstützen.*«

Merkfähiger dagegen war die folgende Variante:
»*Ich bin ein Berliner!*«

Regel 11: Schachtelsätze vermeiden!

»*Wenn der literarisch gebildete Deutsche sich in einen Satz stürzt, geht er unter und taucht am anderen Ende des atlantischen Ozeans mit dem Verb zwischen den Zähnen wieder auf.*«
(MARK TWAIN)

Noch eine spezielle Empfehlung zur Vermeidung von Monstersätzen, die zwar grammatikalisch erlaubt, jedoch sprachlich schwer verdaulich sind:
»*Ich HABE die Zahlen unseres neuen Mediaplanes in dem Booklet unserer Agentur, die gestern bei uns war, nach einer halbstündigen Suchaktion (Sie wissen immer noch nicht, ob er die Zahlen nun gefunden hat oder nicht) an*

einer Stelle, an der ich sie weiß Gott nicht vermutet hätte, GEFUNDEN (aha, also doch).«

In völliger Übereinstimmung mit der deutschen Grammatik liegen hier 31 Worte zwischen den Verbteilen *habe* und *gefunden*. Die Bewusstseinsforschung belegt, dass der Mensch lediglich ca. fünf bis sechs Worte als eine verbundene Einheit erfassen kann. Für 31 Worte ist diese Verbindung zu kurz ausgelegt.

Was können Sie dagegen tun?

Ziehen Sie beide Hälften des Verbums zusammen, wo immer es möglich ist:

»Ich HABE gestern die Mediazahlen GEFUNDEN – allerdings erst nach ...«

Ziehen Sie beide Hälften des Verbums möglichst zusammen

Auch bei Aufzählungen können Sie die zweite Hälfte des Verbums kühn nach vorne ziehen.

Viel Geduld erfordert:

»Sie WERDEN heute die Anwendungsmöglichkeiten des neuen EDV-Programms, die bestehenden Grundeinstellungen, die individuellen Einstellungen und die Besonderheiten beim Einlesen der Daten KENNEN LERNEN.«

Schneller im Ziel sind Sie mit:

»Sie WERDEN heute KENNEN LERNEN: Die Anwendungsmöglichkeiten ...«

Regel 12: Bilderwelten malen!

Über bildfähige Worte haben Sie bereits in Regel 4 etwas erfahren. Wenn bildfähige Worte wie Zeitungsanzeigen sind, an denen Ihr Blick hängen bleibt, geht es nun darum, ganze Monumentalfilme auf die geistige Leinwand zu projizieren. Bilderwelten, an denen nicht nur der innere Blick hängen bleibt, sondern bei denen selbst der Gang zur Toilette vor Spannung verkniffen wird.

Projizieren Sie Monumentalfilme auf die geistige Leinwand Ihres Publikums

Wenn Sie Menschen bewegen wollen Müll zu vermeiden, dann:

... lassen Sie vor deren geistigen Augen Müllberge so hoch wie fünfstöckige Häuser entstehen, lassen Sie die Menschen den Müll riechen, lassen Sie sie darin versinken, kippen Sie Ihnen den Müll, wenn Sie wollen, direkt vor ihre geistige Haustür.

RHETORISCHE KOMPETENZ

Wenn Sie Ihre Vertriebsmannschaft anfeuern wollen, dann:

... *lassen Sie vor deren Augen ein Fußballfeld entstehen, das den gesamten Markt abdeckt; anerkennen Sie, wie der eigene Strafraum gegen die Konkurrenz verteidigt wurde; loben Sie, dass so viele wichtige Zweikämpfe gewonnen wurden; stellen Sie fest, dass sich die wichtigsten Spieler bereits bis zum Mittelfeld vorgekämpft und sich dort einen guten Platz gesichert haben. Und erinnern Sie, dass die Entscheidung im gegnerischen Strafraum fallen muss; rufen Sie dazu auf, noch einmal alle Kräfte zu mobilisieren, die Schienbeinschoner festzuzurren und als geschlossenes Team das Match zu gewinnen.*

Wenn Sie Ihren Kunden von dem geplanten Event begeistern wollen, dann:

... *führen Sie ihn vor seinem geistigen Auge mitten hinein in das Geschehen; lassen Sie ihn einen Augenblick verwundert vor den orientalischen Tempelwächtern am Eingangsbereich warten; öffnen Sie den roten Vorhang und lassen Sie ihn durchschreiten in eine Zauberwelt mit Figuren aus 1001 Nacht; lassen Sie ihn staunend die Schlangentänzerin entdecken; führen Sie ihn vorbei an Ständen mit den herrlichsten Köstlichkeiten, die seinen Gaumen erfreuen werden; lassen Sie ihn die Düfte edler Gewürze ahnen und bringen ihn schließlich auf seinen Platz im Berberzelt, wo er sich zu den Klängen der Sitar zu einer atemberaubenden Show niederlassen kann.*

Das alles in der Sie-Form – versteht sich.

Kinder sind die besten Testhörer für bildhaftes Sprechen

Wenn Sie das üben wollen, aber nicht vor Ihrem Chef, dann suchen Sie sich für das bildhafte Sprechen die besten Test-Zuhörer, die es gibt: Kinder. Im Gegensatz zu einem höflichen Publikum werden Kinder sofort aufstehen, weggehen und mit etwas anderem spielen, wenn Sie nicht bildhaft erzählen.

Regel 13: Geschichten erzählen!

Ähnlich verhält es sich mit kleinen Geschichten, die Sie in Ihren Vorträgen und Präsentationen einsetzen können, um bestimmte Dinge zu verdeutlichen. Manchmal überzeugen diese mehr als eine aufwändige Erklärung mit vielen sachlichen Erläuterungen.

Ein Beispiel:

Im vorderen Teil dieses Buches (Teil A, Kap. 4.2) haben Sie einiges über Glaubenssätze erfahren und dass diese erstaunlich haltbar sind.

Abraham Maslow erzählte zu diesem Thema einmal folgende Geschichte:

Ein Psychiater behandelte einen Mann, der glaubte, er sei eine Leiche. Trotz aller logischen Argumente hielt der Mann an seinem Glauben fest. Dem Blitz einer plötzlichen Eingebung folgend, fragte der Psychiater den Mann: »Können Leichen bluten?« Der Patient antwortete: »Das ist doch lächerlich! Natürlich können Leichen nicht bluten.« Nachdem er erst um Erlaubnis gefragt hatten, nahm der Psychiater ein Messer und ritzte dem Mann in den Finger und drückte einen Tropfen tiefroten Blutes heraus. Der Patient schaute mit äußerster Verwunderung auf seinen blutenden Finger und rief: »Verdammt noch mal, Leichen bluten doch!«

An Geschichten erinnern sich Menschen manchmal noch jahrelang. Deshalb sind diese auch ein hervorragender Aufhänger für Ihre zentralen Botschaften.

Geschichten sind ein hervorragender Aufhänger für Ihre zentralen Botschaften

Regel 14: Lupe benutzen!

Ob Sie nun hören, dass 73.000 Menschen von einem schweren Schicksal betroffen sind, oder ob dies 121.000 sind, für Ihre gefühlsmäßige Reaktion hat dies in der Regel keine Bedeutung. Das Große und Ganze übersteigt oft das Fassungsvermögen.

Wenn Sie Menschen betroffen machen wollen, dann empfiehlt es sich, statt des Weitwinkelobjektives die Lupe zu benutzen.

Wenn Sie statt über die *anonyme Gesamtheit* über *einen ganz konkreten Menschen* sprechen, über seine Ängste, Sorgen und Hoffnungen, kann dieser vor Ihrem Publikum lebendig werden. »Pars pro toto« heißt das in der Fachsprache: das Teil (das Beispiel) anstelle des Ganzen.

Bringen Sie ganz konkrete Beispiele

Rhetorische Kompetenz

Abb. 5: Konkrete Beispiele statt das abstrakte Ganze beschreiben

Dieses Stilmuster ist eines der ältesten und bis heute durchschlagkräftigsten. Es leistet gute Dienste in Filmen, in Romanen, in der Presse und auch in Vorträgen.

BEISPIELE:

statt über die Probleme im Vertrieb zu sprechen	◄──► schildern Sie einen typischen Tag im Leben eines frustrierten Außendienstmitarbeiters,
statt saisonbereinigte Arbeitslosenquoten zu zitieren	◄──► beschreiben Sie das elende Schicksal eines Menschen, der schon seit Jahren keinen Job findet,
statt von Tausenden zufriedener Kunden zu schwärmen	◄──► lassen Sie durch Ihre Worte eine hochzufriedene Kundin mit Ihrer gesamten Begeisterung lebendig werden.

Sie aktivieren durch solche Beispiele die gesamte Vorstellungs- und Gefühlswelt Ihres Publikums.

Zwanzig Regeln für lebendige und kraftvolle Sprache

Regel 15: Zitate einstreuen!

So mancher große Geist vor unserer Zeit hat Dinge schon so treffend auf den Punkt gebracht, dass dies nicht mehr zu übertreffen ist.

Wenn diese Worte auch noch inhaltlich zu dem passen, worüber Sie sprechen, dann haben Sie einen Trumpf in der Hand. Wohl dosierte Zitate können das Salz in der Gewürzmischung Ihres Vortrags sein – gerade zum Beginn oder auch zum Ende Ihrer Worte.

Kein Managementvortrag ohne ein Bonmot von Henri Ford: »*Ich weiß, dass die Hälfte meiner Werbeausgaben vergeblich ist. Ich weiß nur nicht welche*«.

Keine weitsichtige Vision ohne eine chinesische Weisheit: »*Der beste Zeitpunkt, um einen Baum zu pflanzen, ist vor 20 Jahren – der zweitbeste ist heute.*«

Und schon gar kein Vortrag über Kommunikation ohne ein scharfes Wort von Martin Luther (hier z. B. zum Thema »Mobbing«):
»*Es ist eine allgemein schädliche Plage, dass jedermann lieber Böses als Gutes von dem nächsten sagen hört … Wenn sie ein Stücklein von einem Anderen wissen, tragen sie es in alle Winkel und haben eine Freude daran, dass sie eines Anderen Schmutz aufwühlen können, wie die Säue, die sich im Kot wälzen und mit dem Rüssel darin wühlen.*«

Zum Glück finden Sie Zitate heutzutage nicht nur in den ledernen Bänden der großen Dichter und Denker, sondern gut sortiert auch im Internet.

Regel 16: Natürlich sprechen!

Die Bandbreite der menschliche Stimme ist schon gewaltig. Wenn Sie in netter Runde eine lustige oder bewegende Begebenheit erzählen, sprechen Sie mal laut, mal leise, mal langsam, mal schnell, mit Hebungen und Senkungen, mit Seufzern und Atempausen, mit Wut in der Kehle oder mit einem Lachen um die Lippen.

Wie wenig davon erlaubt sich so manche Rednerin, so mancher Redner bei einem offiziellen Vortrag.

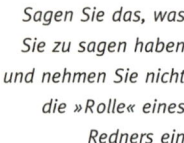

RHETORISCHE KOMPETENZ

Wie kommt das? – Wenn Sie aufstehen, um nun eine »Rede« zu halten oder um mit dem »Vortrag« zu beginnen, geschieht etwas Wundersames: Statt zu sprechen, wie Sie es gewohnt sind, haben Sie plötzlich eine schwere Aufgabe zu bewältigen. Sie nehmen eine Rolle ein und der Abstand zu Ihren Zuhörerinnen und Zuhörern wird manchmal riesig groß. So mancher Redner ist unter dem Druck, nun eine perfekte Rede zu halten, schon fast zusammengebrochen.

Sagen Sie das, was Sie zu sagen haben und nehmen Sie nicht die »Rolle« eines Redners ein

An dieser Stelle erfolgt eine deutliche Ermutigung: Erlauben Sie es sich, dass sich Ihre Sprache vor 50 Zuhörern genauso natürlich und lebendig bewegen darf wie vor einem oder zweien. Leichter gesagt als getan, daher eine Empfehlung aus der Praxis zu Ihrer Unterstützung. Es geht um ein Gedankenspiel, welches Ihre Haltung betrifft:

Wenn Sie in informeller Runde an einem Tisch mit Menschen zusammensitzen und sich unterhalten, so fällt das in der Regel nicht so schwer. Wenn Sie nun vor Ihrem geistigen Auge Ihren Stuhl an das Kopfende dieses Tisches rücken und einfach weitersprechen, so verändert dies kaum etwas. Selbst wenn Sie während des Sprechens aufstehen und einfach zu den Menschen weiter sprechen, bleibt ein gewisses Maß der Entspannung erhalten. Das funktioniert übrigens auch, wenn Sie gleich aufstehen und den Menschen etwas sagen, in Verbundenheit und so normal, wie Sie gerade eben am Tisch im Sitzen gesprochen haben.

einen inneren Haltungswechsel vollziehen

Also, halten Sie einfach keine »Reden« mehr, verzichten Sie auf »Vorträge«! – Stehen Sie einfach auf, gehen Sie nach vorne und sagen Sie den Menschen das, was Sie zu sagen haben. So gut, wie Sie es vorbereitet haben, so natürlich, wie Sie sind – von Mensch zu Mensch. Wenn Sie es schaffen, diesen inneren Haltungswechsel vorzunehmen, werden Sie erstaunt sein, von welchem Druck Sie Ihre Schultern entlasten können.

Übrigens, wenn Sie einen Dialekt sprechen: Herzlichen Glückwunsch. Sofern Sie es nicht überziehen und die Menschen Sie noch verstehen können, hilft Ihnen eine spezielle Mundart, ein eigenes Profil vor Ihrem Publikum zu entwickeln. Befragungen haben ergeben, dass Menschen, die ihren natürlichen Dialekt bei Vorträgen nicht kontrollieren, sondern frei und natürlich sprechen, einen höheren Sympathiewert erzielen.

Regel 17: Kiefer lockern!
Bis auf Bauchredner, an die sich dieses Buch jedoch nicht richtet, öffnen alle Menschen beim Sprechen den Mund. Bei den Zähnen ist dies nicht ganz so selbstverständlich der Fall. Über den groben Daumen lässt sich beobachten, dass drei von zehn Rednern beim Sprechen die Zähne kaum einen Fingerbreit auseinander machen.

Wie anders dies aussehen kann, können Sie z. B. bei geübten klassischen Sängern beobachten.

Ob im jeweiligen Fall diese *Verbissenheit* der aktuell anstehenden Redeaufgabe gilt oder ob diese Haltung *Zähne zusammenbeißen und durch* eine manifestierte Grundeinstellung im Leben ist, sei dahingestellt. Hilfreich ist es für das öffentliche Reden auf jeden Fall nicht. Was können Sie tun?

Das heroische »Zähne zusammenbeißen und durch« ist der Artikulation wenig förderlich

Demosthenes Übung, den sein Ehrgeiz dazu trieb, mit Kieselsteinen im Mund gegen das Meer anzurufen, ist nicht jedermanns Sache. Auch die schon zu beobachtenden Sprechübungen mit Korken im Mund erfordern ein gewisses Maß an Überwindung. Ganz zu schweigen davon, dass die Trainingsmethoden der japanischen Management-Nachwuchskräfte, die regelmäßig laut schreiend auf Verkehrsinseln stehen, nicht so recht in das europäische Straßenbild passen wollen.

Wenn Sie kurzfristig vor einem Vortrag Ihr Mundwerk geschmeidig machen wollen, können Sie einige leichte Übungen machen. Sie können zum Beispiel im Auto bei der Hinfahrt:
- wilde Grimassen schneiden,
- den Mund weit aufreißen,
- die Zähne weit auseinander nehmen,
- den Unterkiefer gefährlich von links nach rechts schieben,
- und es hilft, wenn Sie dabei Töne machen,
- egal, ob Sie wie ein Tiger knurren
- oder mit weitem Mund Laute von sich geben
  (z. B.: »... ooh ... aah ... ooh ... aah ... ooh ... aah ...«)

Rhetorische Kompetenz

Wenn Sie sich komisch dabei vorkommen, trösten Sie sich: erstens, keine professionellen Sängerinnen oder Sänger würden auf die Bühne gehen, ohne sich vorher einzusingen; und zweitens, es wirkt!

Falls Sie darüber hinaus Stimmübungen zur Lockerung und zur Ausschöpfung Ihres Sprechvolumens suchen, finden Sie im Literaturverzeichnis weitere Hinweise.

Sofern Sie weitergehender an der Entspannung Ihrer (Gesichts-)Muskulatur arbeiten wollen, können Sie gute Erfolge mit persönlichkeitsorientierter Körperarbeit (z. B. Bioenergetik/Skan) erzielen. Auch grundsätzliche Entspannungs- und Atemtechniken können Sie hierbei unterstützen.

Regel 18: Sprechpausen zulassen!

Sprechpausen, in denen Sie atmen, vermitteln eine intensive Ruhe. Bewusste Atemzäsuren sind ebenso eine wirksame Hilfe gegen das Schnellsprechen.

Pausen können Spannung hervorrufen und akzentuieren

Sie können zwei Arten von Sprechpausen unterscheiden:

1. Pausen, die Spannung erzeugen; sie liegen *vor* dem betonten Wort.
2. Eine Pause, die die Wirkung des soeben ausgesprochenen Wortes oder Satzes bestärkt; diese Pause folgt *nach* den Worten, die Sie besonders hervorheben möchten.

Bewusste Atempausen lassen sich hervorragend beim lauten Lesen von Texten üben. Mit dieser Erfahrung sind sie leichter in die freie Sprache zu übernehmen.

Im Folgenden finden Sie die ersten zwei Zeilen aus Nelson Mandelas Antrittsrede in vier verschiedenen Varianten.

Wenn Sie feststellen wollen, wie überraschend wirkungsvoll dieses kleine Werkzeug ist, können Sie die Texte jetzt einmal laut für sich lesen, mit den entsprechenden langen Atempausen bei den Markierungen:

Eine Atempause

Unsere tiefste Angst ist nicht, dass wir unzulänglich sind. Pause Unsere tiefste Angst ist, dass wir unermesslich machtvoll sind.

Zwanzig Regeln für lebendige und kraftvolle Sprache

zwei Atempausen
Unsere tiefste Angst ist nicht, dass wir unzulänglich sind. Pause *Unsere tiefste Angst ist,* Pause *dass wir unermesslich machtvoll sind.*

drei Atempausen
Unsere tiefste Angst ist nicht, Pause *dass wir unzulänglich sind.* Pause *Unsere tiefste Angst ist,* Pause *dass wir unermesslich machtvoll sind.*

sechs Atempausen
Unsere tiefste Angst Pause *ist nicht,* Pause *dass wir* Pause *unzulänglich sind.* Pause *Unsere tiefste Angst ist,* Pause *dass wir* Pause *unermesslich machtvoll sind.*

Wenn Ihnen diese Übung gefällt, können Sie es jetzt direkt noch einmal mit den nächsten beiden Zeilen probieren:
»*Es ist unser Licht, das wir fürchten, nicht unsere Dunkelheit.*
»*Wir fragen uns: Wer bin ich eigentlich, dass ich leuchtend, begnadet und phantastisch sein darf?*«

Regel 19: Kraftvoll steigern!
Wenn Sie mit Leib und Seele dabei sind, wenn es Ihnen um alles oder nichts geht, wenn bei Ihnen die Freude überschwappt oder die Wut zum Hals herauskommt, dann ist es nicht mehr an der Zeit, Angebote zu unterbreiten. Dann ist es an der Zeit, Ihren Vortrag so zu steigern, dass Sie Ihren Zuhörerinnen und Zuhörern am Schluss keine Wahl mehr lassen.

Die Technik hierzu ist einfach. Es ist genauso einfach, wie einen Nagel in ein Holzbrett zu schlagen. Wenn Sie sich dabei nicht verletzen wollen, geht das in der Regel folgendermaßen: Sie halten den Nagel genau auf die Stelle, wo Sie ihn versenken wollen und beginnen zunächst mit kleinen vorsichtigen Hammerschlägen. Dann holen Sie immer weiter aus und mit kräftiger werdenden Schlägen treiben Sie ihn in das Brett. Am Schluss, wenn der Nagel bereits so tief versenkt ist, dass nichts mehr schief gehen kann, wenn nur noch ein kurzes Stück von dem Nagelkopf herausschaut, dann ist es

Rhetorische Kompetenz

Zeit für den kraftvollen finalen Schlag; aufgeladen durch alle Wut und allen Schmerz, den jemals ein Hammer auf Ihrem Daumen verursacht hat.

Bringen Sie das stärkste Argument zum Schluss

Genauso geht es mit Worten, die Sie in den Köpfen Ihrer Zuhörerinnen und Zuhörer versenken wollen. Sie ordnen Ihre Argumente, das stärkste zum Schluss, und bringen sie nacheinander vor. Dazwischen liegt jeweils eine kurze Pause. Während Sie neu ausholen, kann Ihr Publikum den letzten Verbalschlag verdauen. An das Ende gehört dann der Appell, mit aller Entschiedenheit herausgeschleudert!

Steigern sie sich zu Beginn langsamer

Am Anfang des Vortrags sollte die Steigerung behutsamer sein. Ihr Publikum hat dann die Chance, mitzugehen. Redner, die nach vorne stürmen und direkt anfangen zu schreien, vertreiben häufig mehr ihr Publikum als dass sie es anziehen.

A propos »schreien«: Eine Steigerung der Intensität bedeutet nicht automatisch auch eine Steigerung der Lautstärke. Sie können durchaus eine ruhige und trotzdem kräftige, intensive und ausdrucksstarke Stimme haben. Wichtig ist, dass Sie gerade hierbei die richtigen Atempausen machen. So, wie Sie mit dem Hammer immer wieder ausholen müssen, bedarf es auch des ruhigen Durchatmens, bevor die nächste stärkere Sturmböe kommt.

Sie haben in Kapitel 3 verschiedene Aufbaustrukturen kennen gelernt. Die beiden Strukturen »Folgerungskette« und »Sammlung« geben Ihnen eine geeignete Vorlage für eine Steigerungsrede. Die Folgerungskette, bei der sich nach der Einleitung immer stärker wiegende Argumente aus dem Vorhergehenden herleiten und die Sammlung, bei der Sie nacheinander drei immer gravierendere Aspekte aufreihen.

Beispiel Steigerungsrede (Strukturform Sammlung)

Normaler Einstieg: »*Einige von Ihnen haben bereits die Klagen über unseren neuen Rohstofflieferanten gehört. Sie hören von mir drei Entscheidungspunkte:*

Leichte Steigerung: *Erstens: Die Warenlieferungen erfolgten im letzten Quartal dreimal verspätet. Dies hat dazu geführt,*

Zwanzig Regeln für lebendige und kraftvolle Sprache

	dass unsere Produktionsanlagen zeitweise brachlagen und konkrete Auslieferungen nicht erfolgen konnten.
(Pause)	
Weitere Steigerung:	Zweitens: Die Qualität lässt zu wünschen übrig. Die Ausschussware würde inzwischen eine ganze Palette füllen.
(Pause)	
Höchste Intensität:	Und schließlich drittens: Die angekündigte Preissteigerung bringt das Fass zum Überlaufen!
Intensität halten:	Wenn Sie sich das vor Augen führen, kann Ihre Entscheidung nur lauten:
(nicht unbedingt laut)	Ein sofortiger Abbruch dieser Geschäftsbeziehung!«

Wenn Sie bei einer Steigerungsrede glaubwürdig auftreten wollen, dann ist es unumgänglich, dass Sie sich intensiv mit Ihrem Gefühl verbinden. Auf den Tisch schlagen, nur weil es im Redemanuskript steht, reicht hier nicht.

Regel 20: Stimmungen wechseln!
Wenn während eines gesamten Vortrags nicht einmal gelacht wird, kann dies in der Regel zwei Ursachen haben:

1. Es handelt sich um ein trauriges Thema – dann soll es auch so bleiben.
2. Die Rednerin oder der Redner nehmen sich selbst zu ernst – dies sollte nicht so bleiben.

Ein gewisser Abstand zu sich selbst und zu dem vorgetragenen Thema kann helfen, Verkrampfung zu lockern und Entspannung zu fördern; gleichermaßen vor und auf der Bühne.
So, wie nach einem üppigen Mittagessen immer noch Platz für einen süßen Nachtisch ist, so, wie in einem guten Fernsehspiel Spannung und Entspannung abwechseln, so kann

Abstand zu sich selbst und zu dem vorgetragenen Thema kann helfen, Verkrampfung zu lockern

Rhetorische Kompetenz

auch der gezielte Stimmungswechsel in einem Vortrag Ihr Publikum beleben.

Doch auch zu viel des Guten ist hier wiederum zu viel. Wenn Sie sich zum Unterhalter degradieren, wenn Sie eine lustige Show abziehen und sich möglicherweise zum Clown machen, besteht die große Gefahr, dass Sie auf Dauer Ihre Kompetenz abgesprochen bekommen.

Also: Entweder die Unterhaltungsteile achtsam dosieren und einstreuen, oder – sofern Sie in einem Team präsentieren – von vornherein die Rollen verteilen.

6 Umgang mit Einwänden und Widerstand

SIE ERHALTEN IN DIESEM KAPITEL ...

... Hinweise, wie Sie ungewünschte, reflexartige Reaktionen bei Kritik vermeiden. Sie können am Ende dieses Abschnittes Widerstand auf unterschiedlichen Stufen deutlich unterscheiden und haben Handwerkszeug, mit dem Sie besonders kritische Situationen meistern können.

6.1 Die angemessene innere Haltung bei äußerem Widerstand

Sie kennen das vielleicht – etwas scheinbar Geringfügiges passiert, und plötzlich explodieren Sie furchtbar. Dann sind Sie höchstwahrscheinlich in Ihrer Gefühlswelt in eine frühere Situation entführt worden, die ähnlich und doch massiver war.

»emotionale Entführung« beim Erleben von Kritik

Bei äußerer Kritik geschieht oft Ähnliches. Angesichts von Kritik wird Ihr Gefühlsleben plötzlich mit vielen alten, schlechten Erfahrungen, in denen Sie früher kritisiert wurden, bombardiert. In der Fachsprache wird dieses Phänomen mit dem Begriff »emotionale Entführung« beschrieben.

Angemessene innere Haltung bei äusserem Widerstand

Die Gefahr dabei ist, dass Sie z. B. Angst- oder Wutgefühle bekommen, die der Situation völlig unangemessen sind. Entsprechend kann auch Ihre automatische Reaktion unangemessen sein. Je massiver Sie ein Einwand trifft, desto größer ist diese Gefahr.

War dieses reflexartige Verhalten beim Lampenfieber bereits sehr störend, da es Sie davon abhält, in Ihre Kraft zu kommen, so kann es verheerend sein, wenn Sie auf einen scharfen Einwand zu schnell und zu aggressiv reagieren. Es besteht dann die Gefahr, dass die Spirale der Eskalation in wenigen Minuten in die Höhe schießt.

Andererseits, wenn Sie von außen kritisiert werden und sich gleichzeitig Ihre eigene, innere Unsicherheit meldet, kann Ihre Reaktion genau in die entgegengesetzte Richtung abstürzen. Zu frühe Eingeständnisse oder verbale Unterwerfungen rauben Ihnen ebenso Ihre Souveränität.

Reflexartiges Verhalten in kritischen Situationen kann überzogen und unangemessen sein

Drei unterschiedliche Sichtweisen

Zunächst ist es wichtig, sich Folgendes bewusst zu machen: Wenn Sie kritisiert werden, gibt es immer drei verschiedene Brillen, durch die Sie die Situation wahrnehmen können.

Sie haben die Wahl
- auf sich zu schauen,
- auf Ihr Gegenüber
- oder auf die Sache selbst.

Je nachdem, welche »Brille Sie zunächst aufsetzen«, können Ihre Gedanken völlig unterschiedlich aussehen.

Drei unterschiedliche »Brillen«, durch die Kritik wahrgenommen werden kann

ICH-BRILLE:
- »Jetzt kann ich einpacken.«
- »Oh, jetzt wird es anstrengend für mich.«
- »Verdammt, jetzt stehe ich aber blöd da.«
- »Was habe ich bloß schlecht gemacht?«

DU-BRILLE:
- »Warum kapierst du das denn nicht?«
- »Da hättest du dich bei der Auftragserteilung deutlicher ausdrücken sollen.«

Umgang mit Einwänden und Widerstand

- »Du willst dich doch hier nur wichtig machen.«
- »Du konntest mich ja noch nie leiden.«

Sach-Brille:

- »Was genau stand in der Auftragsbeschreibung?«
- »Was waren die strategischen Ausgangspunkte für unser Konzept?«
- »Welche Zielsetzung verfolgen wir damit?«
- »Welche Informationen haben wir nicht erhalten?«

Um es direkt zu sagen: Sie benötigen natürlich alle drei Brillen und setzen diese am besten genau in dieser Reihenfolge auf. Zunächst den Blick auf sich, dann den Blick auf Ihr Gegenüber, um schließlich auf die Sache zu schauen.

Wozu dient die Ich-Brille?

Wenn Ihre innere Reaktion auf Kritik eine massive Wut oder Angst ist, dann ist es hilfreich, tief durchzuatmen, für eine Sekunde innezuhalten, um genau wahrzunehmen, was gerade in Ihnen hochsteigt.

Produktive Leitfrage für die Ich-Brille:
»Wie geht es mir gerade?«

Nur so können Sie festzustellen, ob die Gefühle und Ihre erste Reaktion wirklich der Situation angemessen sind oder ob vielleicht ein anderes Verhalten geeigneter ist.

Sie dürfen das Gefühl ruhig zulassen, aber das Gefühl darf nicht Sie beherrschen

Sie brauchen Ihre Gefühle dabei nicht zu unterdrücken. Sie dürfen das Gefühl ruhig zulassen, aber das Gefühl darf nicht Sie beherrschen.

Wozu dient die Du-Brille?

Wenn Sie anschließend nicht die Du-Brille aufsetzen, kann es sein, dass Sie das übersehen, was gar nichts mit Ihnen zu tun hat.

Produktive Leitfrage für die Du-Brille:
»Weshalb reagiert sie/er so (heftig)?«

Eventuell neigt Ihr Gegenüber ja dazu, Kritik regelmäßig massiver vorzubringen, um seine Gesprächspartner zu verunsichern. Oder vielleicht muss es vor seinem neuen Chef Punkte sammeln. Möglicherweise ist es auch einfach unsicher und versucht, diese Unsicherheit zu überspielen.

Wozu dient die Sach-Brille?
Mit dem Blick auf die Sache können Sie die Situation schließlich inhaltlich analysieren.

PRODUKTIVE LEITFRAGE FÜR DIE SACH-BRILLE:
»*Wie könnte eine gemeinsame Lösung herbeigeführt werden?*«

Sie können sich einen Blick darauf verschaffen, welche gegensätzlichen Interessen im Raum stehen, wie diese Interessen sich zueinander verhalten, was das angestrebte Ziel ist und welcher Weg Sie wieder näher dorthin bringt.

6.2 Kritik ist nicht immer gleich Kritik

Um abzuschätzen, welche Reaktion Sie für angemessen halten, hilft eine differenzierte Betrachtung unterschiedlicher, kritischer Situationen.

differenzierte Betrachtung unterschiedlicher, kritischer Situationen

Manchmal ist *keine* Reaktion tatsächlich die beste. In wieder anderen Fällen bedarf es genau des Gegenteils, einer intensiven Zuwendung und ab und zu ist auch eine scharfe Markierung der eigenen Grenzen notwendig.

Die folgende Einteilung gibt Ihnen eine Orientierung, mit welcher Form von Kritik Sie gerade konfrontiert werden und welche Register Sie in angemessener Weise für Ihre Reaktion ziehen.

ERSTE ESKALATIONSSTUFE:
Hierzu gehören Zwischenfragen und kurze Zwischenrufe.

ZWEITE ESKALATIONSSTUFE:
Damit sind kritische Fragen und deutliche Einwände gemeint.

DRITTE ESKALATIONSSTUFE:
Hierzu zählt alles, was wiederholt, massiv oder unfair gegen Sie vorgebracht wird.

UMGANG MIT EINWÄNDEN UND WIDERSTAND

6.3 Erste Eskalationsstufe: Fragen und Zwischenrufe

»Die unbeantworteten Fragen von heute sind die Widerstände von morgen.«

Auf dieser ersten von drei Eskalationsstufen droht Ihnen als Rednerin oder als Redner keine wirkliche Gefahr, sofern Sie keinen Fehler machen, der Ihre Autorität untergräbt. Folgende Verhaltensweisen haben sich in der Praxis bewährt.

Zwischenfragen

Beantworten Sie kurze Sachfragen wenn möglich immer sofort

Auch wenn Sie angekündigt haben, dass Sie nach Ihrem Vortrag Zeit für eine Diskussion eingeplant haben, beantworten Sie kurze Sachfragen – soweit es geht – immer. Wenn einer Ihrer Zuhörer etwas nicht verstanden hat und hängen bleibt, kann er Ihnen nicht mehr offen folgen, was nicht in Ihrem Interesse sein kann.

Sofern Sie die inhaltliche Diskussion nach Ihrem Vortrag führen wollen, ist es wichtig, dass Sie Diskussionsansätze, die als Sachfragen getarnt sind, wahrnehmen und auf die Diskussionszeit im Anschluss verweisen.

Hierzu ein Beipiel:

FRAGE: »Glauben Sie wirklich, dass diese Vorschläge zu unserer Firma passen?«

ANTWORT: »Also, ich höre, dass Sie Bedenken haben. Ich schlage vor, dass ich Ihnen meine Ideen noch zu Ende vorstelle und dass wir anschließend gemeinsam prüfen, inwieweit ein möglicher Widerspruch zu Ihrer Unternehmens-Philosophie besteht.«

Zwischenrufe

Sie müssen nicht auf alles reagieren

Je zahlreicher Ihr Publikum ist, desto weniger können Sie auf alle Zwischenrufe reagieren. Es hilft, wenn Sie sich von dem Gedanken frei machen, zu allem was passiert, irgendetwas möglichst Witziges zu sagen. Manchmal wirken solche Bemerkungen überflüssig oder sogar verkrampft.

So mancher Elefant war in seinem früheren Leben nur eine Mücke. Durch eine zu intensive »Zuwendung« besteht die

Erste Eskalationsstufe: Fragen und Zwischenrufe

Gefahr, Zwischenrufer noch zu ermutigen. Es ist gut zu wissen, dass auch eine Nicht-Reaktion hilfreich sein kann. So manches Schlagfertigkeitstraining könnte hierdurch überflüssig gemacht werden.

Es zeugt eher von eigener Größe und Souveränität, wenn Sie jemandem, der einen Scherz in den Raum wirft, die Lacher auf seiner Seite lassen. Entscheidend ist doch, wer am Ende den Applaus bekommt.

Entscheidend ist doch, wer am Ende den Applaus bekommt

Sofern Sie einen Zwischenruf, der nicht wirklich böse gemeint war (z. B. »typisch Frau«), trotzdem nicht ungestraft lassen wollen, empfehle ich das, was unter Rhetorik-Trainern als »Todesblick der rothaarigen Frauen« bezeichnet wird. Hierzu nehmen Sie eine ruhige und stolze Körperhaltung ein, so wie eine Richterin oder ein Richter, und schauen den Zwischenrufer kurz, schweigend und verächtlich an. Wenn Sie es beherrschen, können Sie dabei auch eine Augenbraue hochziehen. Und dann – das Wichtigste: Wenden Sie Ihren Blick langsam und deutlich von diesem Menschen ab, schauen Sie ganz woanders im Publikum hin und sprechen souverän weiter, so, als wäre nichts geschehen.

6.4 Zweite Eskalationsstufe: Einwände und Kritik

»Diese Frage ist so gut, dass ich sie nicht durch meine Antwort verderben möchte.«

Was braucht ein kritischer Teilnehmer, um wieder ins Boot zu kommen? Die Antwort ist gar nicht so schwierig, wie es manchmal scheint. Und sie ist auch leicht nachzuvollziehen, da Sie die drei notwendigen Schritte zum souveränen Umgang mit Kritik und Einwänden bereits aus einem anderen Lebensumfeld sicher beherrschen.

Was braucht ein kritischer Teilnehmer, um wieder ins Boot zu kommen?

Nehmen Sie dazu einmal den häufig zitierten Satz zur Hand: »Kritik ist wie ein Geschenk«. Ursprünglich ist damit natürlich gemeint, dass ein Kunde, der bereit ist, sich mit Ihnen kritisch auseinander zu setzen, noch nicht verloren ist. Denn wenn er verloren wäre, würde er keine Energie mehr in Ihre Geschäftsbeziehung investieren. Weiterhin, und auch das ist Ihnen vermutlich bereits bekannt, besteht bei einer Kritik natürlich auch immer die Möglichkeit, dass tatsächlich etwas

Umgang mit Einwänden und Widerstand

an dem, was Sie gerade vorgetragen haben, verbessert werden kann.

Kritik wie ein Geschenk behandeln

Was aber wissen Sie vermutlich noch nicht? – Der richtige Umgang mit den Geschenk Kritik ist genauso einfach wie der Umgang mit anderen Geschenken. Glauben Sie nicht? – Stimmt aber! Was machen Sie, wenn Sie ein Geschenk bekommen: Sie werden es *annehmen*, *sich bedanken* und dann *auspacken*. Analog zu diesen drei Schritten erfolgt der angemessene Umgang mit Einwänden und Kritik.

Erste Phase: Kritik annehmen

Was heißt »annehmen«? Bei Geschenken ist das klar. Der oder diejenige, von dem das Geschenk ist, hat sich viel Mühe gegeben, es auszusuchen, es einzupacken, vielleicht noch eine große rote Schleife darum gebunden, und er wäre natürlich tief enttäuscht, wenn Sie es nicht annehmen würden.

Genau so verhält es sich mit dem Menschen, der einen Einwand gegen Ihren Vortrag einbringt. Er hat sich ihn gut überlegt, hat ihn vielleicht treffend formuliert und erwartet jetzt genauso, dass Sie ihn annehmen.

Annehmen heisst im Falle von Kritik zuhören. Und Zuhören bedeutet wirklich zuhören – bis zum Ende zuhören!

Schon in der Bibel steht:
»Gibt eine Antwort, bevor er gehört hat, dies gereicht ihm zu Torheit und Schimpf.«

Und selbst wenn Sie nach den ersten fünf Worten schon ahnen, was der Mensch Ihnen sagen will, selbst wenn Sie es nach den ersten fünf Worten bereits als völligen Unfug identifiziert haben mögen, so bedenken Sie den Desiderata-Text aus der alten St.-Pauls-Kirche zu Baltimore:
»... und höre den Anderen zu, selbst den Dummen und Unwissenden, auch sie haben ihre Geschichte ...«

Es ist hier hilfreich zu wissen, dass schon allein der Prozess des Sprechens an sich Menschen eine Befriedigung geben kann. Wenn Sie Menschen um dieses Wohlgefühl bringen,

Zweite Eskalationsstufe: Einwände und Kritik

indem Sie sie unterbrechen, heißt das, dass diese dann zu einem späteren Zeitpunkt einen erneuten Versuch starten müssen diese Befriedigung zu bekommen; im Zweifelsfall durch den nächsten Einwand.

Selbst wenn Sie an einer ganz bestimmten Stelle mit einem Einwand rechnen, hören Sie lieber vollständig zu, auch wenn Ihnen die Sachinhalte vermutlich schon vertraut sind.

Vielleicht hilft Ihnen in diesem Moment folgender unausgesprochene Gedanke:
»Herzlichen Glückwunsch, Sie waren der Erste, der es gemerkt hat; nun gebe ich Ihnen den Raum, damit Sie diesen Erfolg auch genießen können.«

Zweite Phase: Die Kritik würdigen

Nachdem Sie die Kritik angenommen haben, müssen Sie entsprechend reagieren. Im Rahmen der Analogie, Kritik als Geschenk aufzufassen, heißt das: Sie müssen sich bedanken. Was bei Geschenken eine Selbstverständlichkeit ist, lässt sich allerdings nicht direkt als Reaktion auf Kritik übertragen. Wenn Sie sich hier tatsächlich freundlich bedanken und ein charmantes Lächeln auf Ihr Gesicht legen, um die angreifende Person zu beschwichtigen, kann es durchaus passieren, dass Sie sich anhören müssen: »*Ich habe so den Eindruck, Sie nehmen mich überhaupt nicht ernst!*«

Allerdings ist es dringend erforderlich, dass Sie im Falle von Kritik eine geeignete Form finden, das auszudrücken, was hinter dem »Bedanken« steckt. Es geht darum, das, was als Kritik vorgebracht wurde, anzuerkennen und zu würdigen.

Anerkennen und würdigen heißt nicht zustimmen, sondern ist zunächst einmal Ausdruck von:

- »*Ich habe Sie gehört.*«
- »*Ich verstehe, dass Ihnen das wichtig ist.*«

Anerkennen und würdigen beinhaltet nicht automatisch auch Zustimmung

Hierzu gibt es zwei Möglichkeiten. Die erste Möglichkeit ist, dass Sie das, was Sie gehört haben, zusammenfassen. Das muss nicht ausführlich sein. Manchmal ist es noch besser, die Essenz, den Kern des Gesagten zu spiegeln. Zum Beispiel mit den Worten:

Kritik zusammenfassen

Umgang mit Einwänden und Widerstand

- *»Wie ich Sie verstehe ...«*
- *»Sie sind ... (das Gefühl nennen, z. B. verärgert)«*
- *»Trifft es zu, dass ...«*
- *»Es hört sich so an, als ob Sie ... (dieses oder jenes Gefühl haben)«*
- *»Habe ich Sie richtig verstanden? ...«*

Auf der Sachebene stellen Sie damit sicher, ob die Inhalte richtig bei Ihnen angekommen sind.

Sie können das Gesagte auch direkter würdigen. Indem Sie einfach aussprechen: Ich verstehe, dass Ihnen das wichtig ist. Beispielsweise mit einer Formulierung, die ähnlich ist wie die Folgenden:

- *»Es kommt bei mir an, dass dieser Punkt Ihnen besonders am Herzen liegt ...«*
- *»Ich verstehe, dass Sie hier besonderen Wert auf ... legen.«*
- *»Ich kann gut verstehen, dass Sie als Spezialist für ... besonderes Augenmerk auf ... legen.«*
- *»Auch wenn wir hier ganz anderer Meinung sind, erkenne ich erst einmal Ihre Entschiedenheit an, mit der Sie ...«*

Dritte Phase: Auf die Kritik antworten

So, die Geburtstagsparty ist im vollen Gange, Sie wollen gerade das zweite Fass anstechen und immer mehr neue Gäste kommen noch zur Tür herein. Was machen Sie mit den vielen Geschenken? Annehmen und bedanken, das ist klar, doch was ist mit dem Auspacken? Manchmal, wenn die Zeit knapp ist, müssen die Geschenke erst einmal unausgepackt liegen bleiben.

Genauso wie mit dem Auspacken von Geschenken ist es mit Ihrer Reaktion auf die Einwände. Wenn Sie Zeit haben, antworten Sie sofort – und wenn es jetzt den Rahmen sprengt, antworten Sie später.

Benennen Sie konkret den Zeitpunkt, wann Sie auf eine Kritik eingehen

Damit niemand Angst zu haben braucht, dass Sie es vergessen, sagen Sie klar und deutlich, wann genau Sie die Antwort geben, z. B.

- in ca. fünf Minuten,

Zweite Eskalationsstufe: Einwände und Kritik

- wenn Sie beim nächsten Hauptpunkt angelangt sind,
- am Ende Ihres Vortrags,
- in der Diskussionsrunde,
- nachher in der Kaffeepause
- oder morgen früh als erstes per Mail, da Sie die entsprechenden Hintergrundinformationen heute nicht dabei haben.

Noch ein Hinweis zur Form der Antwort. Wenn Sie mit Ihrer Antwort Ihren Standpunkt behaupten wollen und Ihr Gegenüber in Ihre Denkrichtung mitnehmen möchten, kann es vorteilhaft sein, Argumente in Form einer richtungsweisenden Frage zu formulieren, z. B.:

Argumente in Form einer richtungsweisenden Frage formulieren

- *»Wie sehen Sie die Sache, wenn …?«*
- *»Wären Sie einverstanden, wenn …?«*
- *»Könnten Sie zustimmen, wenn …?«*
- *»Sehen Sie Ihre Situation ausreichend berücksichtigt, wenn …?«*
- *»Würden sich die genannten Schwierigkeiten für Sie reduzieren, wenn …?«*

Zusammengefasst heißt das, der sichere Umgang mit Einwänden und Kritik erfordert eine dreistufige Reaktion:

1. Zuhören (Geschenk annehmen)
2. Würdigen (bedanken)
3. Antworten (Geschenk auspacken)

Wenn Sie diese drei Phasen einhalten, können Sie mit Sicherheit die überwiegende Zahl aller Einwände und kritischen Äußerungen souverän meistern.

Für den Rest bekommen Sie nun die wichtigsten Antworten.

6.5 Dritte Eskalationsstufe: Widerstand und Angriffe

Manchmal sind Einwände keine fairen Attacken, sondern böse Fouls. Im Folgenden erhalten Sie Empfehlungen, wie Sie besonders unfaire und kritische Angriffe parieren.

Umgang mit Einwänden und Widerstand

1. Pauschale Angriffe

BEISPIEL:
»Das ist doch alles nicht zu realisieren!«

HINTERGRUND:
Diese Angreifer wollen es sich selbst leicht machen und Sie ins Schwitzen bringen. Die beste Reaktionsmöglichkeit ist, dass Sie den Scheinwerfer umdrehen, sodass der Angreifer selbst Farbe bekennen muss. Bei pauschalen Angriffen und so genannten »Killerargumenten« gilt: Details abfragen und um Konkretisierung bitten.

Details abfragen und um Konkretisierung bitten

ANTWORTMÖGLICHKEIT:
»Welche Aspekte des Konzeptes halten Sie für nicht realisierbar? – Was sind sind aus Ihrer Sicht die Gründe dafür?«

2. Wiederholte Angriffe

BEISPIEL:
»Ich habe da schon wieder ein Problem mit Ihren Ausführungen ...«

HINTERGRUND:
Eine häufige Ursache für wiederholte Angriffe ist eine nicht rechtzeitige Würdigung von früheren Einwänden. Die erste Möglichkeit ist immer, das nachzuholen, was Sie bisher vielleicht nicht genug getan haben. Dem Menschen klar zu verstehen geben, dass Sie ihn wirklich gehört haben.

andere Teilnehmer um Stellungnahme bitten

Sollte dies nicht ausreichen, ist die zweite Möglichkeit, selbst aus der Schusslinie zu gehen und andere Teilnehmer um Stellungnahme zu bitten.

Sollte selbst das nichts nutzen, bleibt Ihnen nur die Möglichkeit, das zu tun, wofür es im Englischen sogar eine feste Redewendung gibt: Sie einigen sich darauf, dass Sie sich nicht einigen können *(»Let's agree to differ.«)*

ANTWORTMÖGLICHKEIT:
»Ich höre, dass Sie da ganz anderer Meinung sind. Wie sehen die Anderen von Ihnen diesen Punkt?«

Dritte Eskalationsstufe: Widerstand und Angriffe

»Ich habe das Gefühl, wir kommen heute an diesem Punkt nicht zusammen. Können wir uns zumindest darauf einigen?«

3. Wortschwall

BEISPIEL:
»... und ... weiterhin ... und ... außerdem ...«
(minutenlang)

HINTERGRUND:
Das ungeschriebene Gesetz – »Jetzt habe ich lange genug zugehört und darf auch mal sprechen« – endet grundsätzlich an der Eingangstür zu Konferenzräumen. Manche Menschen sind enfach nicht in ihrem Redeschwall zu bremsen. Da Reden auch eine Form ist Energie abzulassen, kann es manchmal notwendig sein, solchen Menschen einen gewissen Raum zu geben. Wenn Sie allerdings – mit Blick auf Ihre Vortragszeit und auf Ihr restliches Publikum – einen Vielredner stoppen wollen, empfehlen sich eine klare Haltung und eine spezielle Technik.

Vielrednern mit klarer Haltung begegnen

Ihre innere Haltung sollte ganz entschieden sein; Sie machen sich bewusst, dass SIE jetzt wieder sprechen wollen. Sie hören sehr aktiv zu, Sie begleiten Ihr Gegenüber eine Zeit lang durch Bestätigungslaute, wie Sie das z.B. vom Telefonieren kennen (»aha... mmh...«), und dann entscheiden Sie sich für einen Punkt, an dem Sie deutlich und klar das Wort ergreifen.

Es kann dann vorkommen, dass Sie für drei bis vier Sekunden gleichzeitig sprechen. Wenn Sie sich vorher vorgenommen haben, dass nicht Sie es sind, der dann höflichkeitshalber aufhört, wird der Andere normalerweise an seinem Höflichkeitspunkt still werden. Diese Technik funktioniert nur dann, wenn Sie bewusst über Ihren automatischen Höflichkeitsreflex hinweg gehen.

Überreden Sie den Wortschwall des Vielredners bewusst, bis dieser abbricht

ANTWORTMÖGLICHKEIT:
»... Aha ... ja ... aha ... mmh (sehr aktives Zuhören), Sie haben jetzt eine ganze Menge Punkte vorgebracht (bis hierhin gegebenenfalls paralleles Sprechen), ich möchte

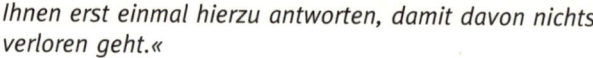

Umgang mit Einwänden und Widerstand

Ihnen erst einmal hierzu antworten, damit davon nichts verloren geht.«

4. Machtausübung

Beispiel:
»Noch bin ich der Boss hier und entscheide, was gemacht wird!«

Hintergrund:
Jeder Mensch trägt ein Schild um den Hals. Auf diesem Schild steht: Ich bin wichtig! Leider sind diese Schilder unsichtbar und werden daher oft übersehen. Wenn Sie vorne stehen und einen Vortrag halten, wird Ihr Schild mit Sicherheit gesehen. Manche Menschen im Publikum, die sich für sehr wichtig halten, können das nicht allzu lange ertragen und müssen dann mit Nachdruck auf ihr eigenes Wichtig-Schild hinweisen.

Anerkennung aussprechen

Erste Empfehlung: Anerkennung aussprechen (hierzu konnten Sie bereits eingangs dieses Kapitels einiges erfahren). Ähnlich verhält es sich bei diesen typischen Äußerungen: *»Das haben wir doch schon vor 10 Jahren erfolglos ausprobiert«*. Auch hier gilt es anzuerkennen, in diesem Fall nicht den Rang, sondern die Erfahrung.

Die Tatsache, dass Sie dort vorne stehen bedeutet: Auch Sie sind wichtig!

Zweite Empfehlung: Verlieren Sie nicht sofort Ihr Wichtig-Schild aus den Augen, nur weil ein anderer mit seinem in der Luft wedelt. Das heißt, achten Sie gerade jetzt auf Ihre Selbstbehauptung.

Die Gefahr ist sehr groß, dass Sie von einem gesunden »Erwachsenen-Ich« zu einem »Kind-Ich« schrumpfen. Sie merken das beispielsweise daran, dass Sie in Konfrontation mit einem hochrangigen Bedenkenträger trotzig oder ängstlich und unterwürfig werden.

Wenn Sie so etwas bei sich feststellen, achten Sie zunächst auf Ihren Körper. Atmen Sie bewusst und tief durch. Und sorgen Sie dafür, dass Sie gerade jetzt einen sicheren Stand haben.

Es hilft, wenn Sie sich auch innerlich ganz bewusst sagen:

Dritte Eskalationsstufe: Widerstand und Angriffe

»Er ist ein erwachsener Mensch, und ich bin ein erwachsener Mensch; ich weiß auch, wovon ich rede, und so schnell lasse ich mich nicht aus der Bahn werfen.«

Antwortmöglichkeit:
»Ich weiß, dass Sie die Verantwortung für das gesamte Projekt tragen und letztendlich auch dem Vorstand gegenüber für die Ergebnisse gerade stehen müssen (hierdurch erkennen Sie den Rang an). Sehen Sie Ihre Situation ausreichend berücksichtigt, wenn ...?«

5. Anschuldigungen

Beispiel:
»Ich habe den Eindruck, dass Sie sich überhaupt nicht auf diesen Vortrag vorbereitet haben!«

Hintergrund:
Eine Anschuldigung, die trifft, trifft immer auch einen Teil der Persönlichkeit – in der Regel einen verdrängten Anteil. Es ist einfach, eine Gegenanschuldigung zu machen; diese wird jedoch den Konflikt eskalieren lassen.

Wenn Sie einen solchen Volltreffer abbekommen haben, ist wiederum das Erste, was Sie tun sollten, einmal kräftig durchzuatmen. Sie können damit eine reflexartige Reaktion vermeiden. Anschließend gilt es zu prüfen, wo Ihre verwundbare Stelle ist, d.h. wo Sie die Anschuldigung getroffen hat.

Das Zutreffende anzuerkennen bedeutet nicht, dass Sie damit auch die gesamte Anschuldigung akzeptieren.

Eine Anschuldigung dagegen gänzlich zu verneinen wirkt so, als ob Sie auch die anschuldigende Person verneinen – und wird vermutlich den Konflikt eskalieren lassen.

Daraus folgt:

> Es ist hilfreich, zumindest den zutreffenden Teil einer Anschuldigung anzuerkennen. Erst dann können Sie das, was Sie als unberechtigt empfinden, mit aller Kraft abwehren.

Das Zutreffende anzuerkennen bedeutet nicht, die gesamte Anschuldigung zu akzeptieren

UMGANG MIT EINWÄNDEN UND WIDERSTAND

Der produktive Umgang mit Anschuldigungen in der Öffentlichkeit ist die Königsdisziplin

Der produktive Umgang mit Anschuldigungen in der Öffentlichkeit ist die Königsdisziplin in diesem Kapitel. Sie erfordert, dass Sie in der Lage sind, innerhalb Ihrer Antwort zwei verschiedene Haltungen einzunehmen und deutlich auszudrücken. Im ersten Teil Ihrer Antwort, wenn Sie den zutreffenden Aspekt annehmen, müssen Sie eine wirkliche Empfänglichkeit für Kritik ausdrücken. Wenn diese Offenheit authentisch ist, machen Sie die Tür auf, die der Andere gerade mit aller Wucht einrennen will.

Die zweite, völlig andere Haltung ist die deutliche Zurückweisung des unberechtigten Teils. Es ist erforderlich, dass Sie hier eine klare Grenze setzen, mit innerer und äußerer Entschiedenheit.

1. *Schritt:* Annahme des berechtigten Anteils
   (offene Haltung)

2. *Schritt:* Zurückweisung des unberechtigten Anteils
   (entschiedene Haltung)

Sicherer Umgang mit Anschuldigungen erfordert einige Übung

Sicherer Umgang mit Anschuldigungen erfordert einige Übung. Vielleicht werden Sie beim nächsten Mal, wenn Sie angeschuldigt werden, nicht an diese Empfehlungen denken. Vielleicht werden Sie erst beim übernächsten Mal hinterher daran denken (*»Ach, hätte ich doch einmal anders reagiert.«*). Vielleicht dauert es dann noch ein- bis zweimal, bis Sie tatsächlich in der Situation durchatmen, Verantwortung für Ihren Anteil übernehmen und den unberechtigten Rest an den Absender zurückschicken.

Antwortmöglichkeit:
»Sie beschuldigen mich, dass ich mich nachlässig vorbereitet habe. Sie haben Recht in dem Punkt, dass ich diesen Teil der Produktionskosten nicht sehr im Detail ausgearbeitet habe und dass ich hier gegebenenfalls noch nachlegen muss.

(… das war die Anerkennung des zutreffenden Teils – jetzt der Haltungswechsel in die Entschiedenheit …)

Ich kann Ihnen allerdings versichern, dass die Kalkulation der Gesamtkosten sehr detailliert ausgearbeitet ist und der Vorschlag damit auf gesunden Füßen steht!«

DRITTE ESKALATIONSSTUFE: WIDERSTAND UND ANGRIFFE

6. Beleidigungen

BEISPIEL:
»*Sie Blödmann haben doch überhaupt keine Ahnung, wovon Sie reden!*«

HINTERGRUND:
Wenn Sie in der Öffentlichkeit beleidigt werden und Sie wollen die Situation deeskalieren, können Sie sich die Frage stellen: »*Wo habe ich diesem Menschen so auf die Füße getreten, dass er mich in dieser Form angreift?*«
Vielleicht haben Sie aber auch gar keine Lust dazu. Dann lassen Sie das einfach. Spüren Sie Ihre Verletzung oder Ihre Wut, verbinden Sie sich deutlich mit diesem Gefühl und setzen Sie eine Grenze so scharf wie ein Schwerthieb.

ANTWORTMÖGLICHKEIT:
»*Ich sage Ihnen jetzt in aller Deutlichkeit: Es ärgert mich, wie Sie mit mir sprechen! Ich verbitte mir von Ihnen solche Äußerungen! Heute und hier – und in Zukunft!*«

> **Praxistipp**
> Vermeiden Sie es tunlichst, etwas von Menschen zu fordern, was diese höchstwahrscheinlich nicht tun werden. Wenn Sie beleidigt wurden und eine Entschuldigung fordern, geben Sie Ihrem Gegenüber die Macht über die Situation. Wenn Sie meinen, so etwas tun zu müssen, dann verbinden Sie dies wenigstens mit einer Konsequenz, falls Ihr Gegenüber sich nicht entschuldigt.
> Gleiches gilt für massive Störer. Es passiert sehr selten, dass jemand freiwillig den Saal verlässt, wenn er dazu aufgefordert wird. Er oder sie würde dann ja den ganzen Spaß verlieren. Wenn es tatsächlich zu dieser höchsten Eskalationsstufe gekommen ist, drohen Sie lieber mit einer Konsequenz, die Sie selbst in der Hand haben, z.B. damit, dass SIE den Vortrag abbrechen, wenn eine weitere Störung dieser Art erfolgt.
> Dass es soweit niemals kommt, wenn Sie die vorangegangenen Empfehlungen beherzigen, das wünsche ich Ihnen.

7 Ein Manuskript erstellen

Sie erhalten in diesem Kapitel ...

... Informationen, die Sie in die Lage versetzen, selbstständig eine prägnante und mit einem Blick erfassbare Redeunterlage zu erstellen. Es wird Ihnen ermöglicht, den roten Faden sicher zu behalten und dabei frei und lebendig zu sprechen.

7.1 Was Sie vorab wissen sollten

Es gibt Situationen, da kommen Sie an einem vollständig ausformulierten Skript nicht vorbei. Wenn Sie beispielsweise vor den Vereinten Nationen eine Stellungnahme zu dem Einsatz der Bundeswehr in einem aktuellen Krisengebiet abgeben müssen, stehen hinter diesen Formulierungen ganze Beraterstäbe, die ein wohl überlegtes, politisch korrektes Textgebilde zusammengestellt haben.

Sofern Sie allerdings nicht zu der Gruppe der UN-Vertreter oder zu ähnlichen politischen Gremien gehören, sollten Sie auf vollständig ausformulierte Manuskripte tunlichst verzichten. Weshalb, das erfahren Sie nun.

7.2 Ausformuliertes Textmanuskript

Vollständig vorformulierte Textmanuskripte haben den Vorteil, dass Sie einen klaren roten Faden behalten können. Der Preis dafür ist allerdings, dass dies auf Kosten der Lebendigkeit geht. Das Wort »Präsentation« ist mit dem Wort »Präsens« (= Gegenwart) verbunden. Genau darum geht es bei einer Präsentation – nicht etwas, was vorher entstanden ist, abzulesen, sondern etwas ganz aktuell präsent und lebendig vorzutragen.

Schriftsprache wirkt völlig anders als Sprechsprache

Weitere Nachteile sind, dass Sie eine sehr geringe Flexibilität haben, z.B. bei Zwischenfragen. Häufig wirkt nach solchen Unterbrechungen der Wiedereinstieg in ein fertiges Textmanuskript sehr holprig. Weiterhin besteht die Gefahr, dass Sie eine Schriftsprache vortragen, die deutlich anders ist als eine Sprechsprache. Schließlich geht das Ablesen eines Textma-

Ausformuliertes Textmanuskript?

nuskriptes auch auf Kosten der Zuhörerbindung, da Sie nur immer wieder mit Abständen einen kurzen Blickkontakt herstellen können.

Ebenso verhält es sich natürlich mit einer auswendig gelernten Rede. Sie können dann zwar den Blickkontakt halten, alle anderen Nachteile wirken jedoch gleichermaßen.

Vor- und Nachteile eines vollständigen Textmanuskripts

Positiv	Negativ
+ sicherer Roter Faden	– mangelnde Lebendigkeit
	– fehlende Flexibilität
	– distanzierte Schriftsprache
	– nur sporadischer Blickkontakt möglich

7.3 Karteikarten

Karteikarten sind deutlich handlicher als Textmanuskripte. Wenn hierauf nur Stichworte und keine vollständigen Sätze formuliert sind, ermöglichen sie eine Unterstützung beim freien Reden. Allerdings sind sie für umfangreiche Vorträge weniger geeignet, da die Gefahr besteht, dass Sie nach längeren, frei vorgetragenen Passagen nachblättern müssen, um den richtigen Anschluss zu finden. Neben diesem Problem besteht der Nachteil, dass Sie lediglich eine Reihenfolge von Stichworten vor sich haben, aber keine optische Struktur.

Karteikarten sind deutlich handlicher als Textmanuskripte

Wenn Sie allerdings eine Veranstaltung moderieren – dies ist etwas vollständig anderes als ein zusammenhängender Vortrag – können Karteikarten genau das richtige Instrument sein. Sie kennen das vielleicht von bekannten TV-Moderatoren.

Der große Unterschied ist jedoch, dass TV-Moderatoren immer nur einige Stichworte für ein Interview oder eine kurze Stellungnahme brauchen. Dies wird dann häufig durch Einblendungen (Kamera-Schwenk auf das Publikum, Werbung, Musik etc.) unterbrochen, bis ein neuer Gast oder Sinnab-

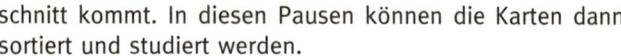

Ein Manuskript erstellen

schnitt kommt. In diesen Pausen können die Karten dann sortiert und studiert werden.

Vor- und Nachteile von Karteikarten

Positiv	Negativ
+ gute Handlichkeit + Einteilung in einzelne Sinnabschnitte möglich	– mangelnde Koordination der einzelnen Karten – nur Reihenfolge möglich, keine überschaubare Struktur abrufbar

7.4 Strukturplan

Ein Strukturplan bietet Ihnen sowohl detaillierte Gedächtnisstützen als auch einen Gesamtüberblick

Am besten wäre es, wenn Sie ein Manuskript hätten, bei dem Sie frei und lebendig sprechen und trotzdem sicher den roten Faden halten könnten. Bei dem Sie mit einem Blick sofort das Stichwort erkennen, das die Gedanken aktiviert, die Sie zu diesem Stichwort sagen wollen. Das optimale Manuskript sollte es Ihnen aber ebenso ermöglichen mit einem Blick festzustellen, wo in Ihrem Ablaufplan Sie gerade sind. Die Empfehlung hierzu ist der so genannte Strukturplan.

Ein Strukturplan ist ein einseitiges Redemanuskript, welches zum einen in konzentrierter Form alle Stichworte enthält, die Sie sicher durch Ihren Vortrag führen.

Ebenso enthält der Strukturplan alle wichtigen Ergänzungen (Zahlen, Zitate etc.) und Regieanweisungen.

7.5 Erstellung eines Strukturplans

1. Schritt

Sie nehmen am besten ein DIN-A4-Blatt und malen sich mit großen Kreisen die von Ihnen ausgewählte Struktur darauf.

2. Schritt

Ihr »Signalwort« bringt die Dinge auf den Punkt

Für jeden Argumentationspunkt wählen Sie ein geeignetes »Signalwort«, welches das, was Sie sagen wollen, am besten auf den Punkt bringt und schreiben es in den jeweiligen Kreis.

Erstellung eines Strukturplans

Beispiel:

Wenn Sie im ersten Argumentationspunkt beschreiben wollen, wie chaotisch die interne Ablauforganisation in Ihrer Abteilung ist, wenn Sie darüber sprechen wollen, wie unorganisiert und durcheinander alles läuft, dann schreiben Sie sich vielleicht das Signalwort »Hühnerstall« in den ersten Kreis.

Das Wort Hühnerstall wird in Ihrem Kopf genügend starke Bilder aktivieren, mit deren Hilfe Sie dann frei und lebendig diese chaotischen Zustände beschreiben können.

Weiterhin kann Ihnen dieses Stichwort helfen, am Ende eines Argumentationsblocks das Gesagte noch einmal auf den Punkt zu bringen. Sie könnten dann z.B. am Ende dieses ersten Punktes sagen: »...*zusammengefasst läuft es hier bei uns nicht besser als in einem Hühnerstall!*«

3. Schritt

Nachdem Sie alle Signalworte erfasst haben, können Sie nun die weiteren Ergänzungen an die entsprechenden Stellen schreiben, wo Sie sie benutzen wollen. Dies können z.B. Zahlen, feststehende komplizierte Begriffe, Zitate etc. sein. Am besten benutzen Sie hierfür eine andere Farbe.

Schließlich können Sie noch an entsprechenden Positionen notwendige »Regieanweisungen« vermerken. Sie könnten beispielsweise wieder mit einer anderen Farbe ein »H« da vermerken, wo Sie Handouts austeilen wollen oder ein »F« an den Punkt, wo Sie eine Folie auflegen wollen.

notwendige »Regieanweisungen« vermerken

Wenn Sie Ihr Manuskript in dieser Form ausgearbeitet haben, werden Sie zum einen feststellen, dass Sie jeweils auf einen Blick sofort alle wichtigen Informationen aufnehmen können, sofern Sie sich tatsächlich auf das Essenzielle konzentriert haben.

Weiterhin werden Sie vermutlich feststellen, dass Sie Ihren Strukturplan kaum noch benötigen, da dessen detaillierte Ausarbeitung zur Folge hat, dass ein Bild in Ihrem Kopf entstanden ist. Sie kennen diesen Effekt vielleicht von den mit Liebe im Detail ausgearbeiteten Spickzetteln aus der Schule – was Sie selbst erarbeitet haben, bleibt mit hoher Wahrscheinlichkeit im Kopf hängen. So können Sie Ihr Publikum

Das innere Bild des Strukturplanes wird sich Ihnen einprägen und Ihnen Sicherheit verleihen

anschauen, während Sie vor Ihrem inneren Auge die Struktur durchwandern. Viele Rednerinnen und Redner, die solche oder ähnliche Strukturpläne benutzen, können damit über längere Zeit sehr frei sprechen.

STRUKTURPLAN

Vorteile eines Strukturplans

POSITIV

+ ermöglicht die Einbindung der Zuhörer durch eine freie und lebendige Sprache
+ verleiht Sicherheit durch übersichtlichen roten Faden
+ auf einen Blick erkennbare Signalworte aktivieren Vorstellungsbilder
+ hohe Flexibilität bei Zwischenfragen etc.

Der Strukturplan für die kurze Stegreif-Rede auf der Hochzeit des Kollegen aus dem Kapitel 1.5 sähe beispielsweise wie folgt aus:

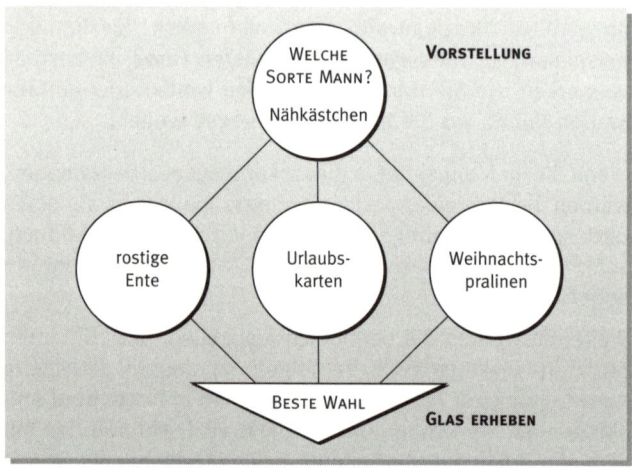

Abb. 6: Strukturplan für die Hochzeitsansprache aus dem Beispiel der Stegreifrede in Kap. 1.5

ERSTELLUNG EINES STRUKTURPLANS

Genauso können Sie auch Manuskripte für umfangreichere Vorträge erstellen. Bei Vorträgen mit einer Haupt- und mehreren Unterstrukturen zeichnen Sie entsprechend auf einer DIN-A4-Seite die großen Kreise der Hauptstruktur, in diese die Unterstrukturen und schreiben in jeden Kreis das wichtigste Signalwort.

8 Teamvorträge

SIE ERHALTEN IN DIESEM KAPITEL ...

... *einen kurzen Exkurs, der Ihnen die speziellen Anforderungen und wichtigsten Regeln für Vorträge und Präsentationen vermittelt, die Sie in einem Team halten.*

Wer kennt sie nicht – die Erfolgsduos: von Bonnie und Clyde über Starsky und Hutch bis hin zu Clever und Smart. Selbst einsamen Rittern wie James Bond werden regelmäßig wechselnde Partnerinnen an die Seite gestellt.

Ein gut koordiniertes Team kann mehr erreichen als einer allein. Neben dem »Gemeinsam sind wir stark« gibt es aber auch viele Stolpersteine, bei denen ein Team ins Schlingern geraten kann.

Ein gut koordiniertes Team kann mehr erreichen als einer allein

Wenn Sie die Vorbereitung einer Teampräsentation bewusst angehen und die wichtigsten Rollenverteilungen und Abstimmungen vorher glasklar vereinbaren, kann eine Teampräsentation allerdings eine erfolgreiche Sache sein.

8.1 Klare Rollenverteilung

Ein Team ist dann stark, wenn die einzelnen Mitglieder eine sichere Verbundenheit haben und trotzdem verschiedene Rollen einnehmen können. Sie bieten damit ihren Zuhörern nicht nur Abwechslung, sondern auch verschiedene Projektionsflächen, d.h., wenn dem Kunden Ihre Nase nicht gefällt, so ist immer noch die Möglichkeit gegeben, dass ihm die Nase Ihres Kollegen sympathischer ist. Genau wie die erfolgreichen Filmhelden ihre Rollen als guter Polizist und böser

Teamvorträge

Polizist klar abgrenzen, gestalten viele professionelle Teams bewusst eine weite Spannbreite ihrer Rollen, z.B.:

wirkungsvolle Rollenverteilung

Seriöser Berater	◄──────►	Flippiger Kreativer
Mutiger Visionär	◄──────►	Kostenorientierter Sicherheitsberater
Frecher Verhandler	◄──────►	Harmoniebedachter Schlichter

Eine solche Rollenverteilung muss nichts Künstliches sein. Manchmal ist es schon ein Vorteil, wenn Sie sich in Ihrem Team klarmachen, wer ohnehin unbewusst welche Rolle einnimmt. Dies kann helfen, auf einem höheren Bewusstseinsgrad die Qualitäten der eigenen Person und der jeweiligen Rolle einzusetzen.

Sobald ein Präsentationsteam aus mehr als zwei Mitgliedern besteht, muss eine oder einer aus dem Team darüber hinaus eine klare Moderatoren-Funktion einnehmen. Der Moderator kann zusätzlich einen eigenen Part in der Präsentation haben, muss aber nicht.

Bei größeren Teams muss ein Moderator koordinieren

Im Prinzip sind die Aufgaben eines Moderators innerhalb einer Teampräsentation genau die gleichen, wie die eines TV-Moderators in einer Samstagabend-Show: Einen herzlichen Empfang zu geben, eine Orientierung darüber zu vermitteln, was die nachfolgenden Abläufe sind, gekonnte Übergänge zwischen den einzelnen Teilen herzustellen, am Ende das Ganze nochmals auf den Punkt zu bringen und bei Bedarf eine anschließende Diskussion zu leiten.

8.2 Transparenz der Rollen

Nicht nur im Innenverhältnis, sondern auch im Außenverhältnis bedarf es einer Klarheit, wer welche Aufgaben hat. Insbesondere bei Neukunden ist es ratsam, dass sich am Anfang einer Teampräsentation jedes Mitglied vorstellt bzw. vorgestellt wird, mit:

- Name
- Position
- Aufgabe in der aktuellen Präsentation

Sofern mehrere Menschen zusammenkommen, die sich nicht kennen, ist es hilfreich, zumindest den Namen ein zweites Mal zu Beginn des eigenen Präsentationsteiles zu nennen.

8.3 Abläufe und Übergänge

Es ist nicht gut, wenn bei einer Agenturpräsentation der Kreativdirektor noch die Pappen abräumt, während der Mediaplaner bereits die wichtigsten Zahlen präsentiert. Ebenso ist es nicht glücklich, wenn viele Leute vorne stehen und nur einer über längere Zeit spricht. Die anderen stehen dann häufig einfach nur »dumm rum«.

Damit eine Teampräsentation professionell und reibungslos läuft, sollten die Übergänge vorher deutlich abgestimmt werden. Besser noch ist ein vollständiger Probedurchlauf, bei dem Sie sofort feststellen werden, ob die Übergänge gelungen oder verbesserungswürdig sind.

Ein vollständiger Probedurchlauf zeigt unsauberen Übergang

8.4 Unterstützendes Verhalten

Ich habe es schon öfter erlebt, dass bei einer Teampräsentation einer vorne steht und spricht, während sich im Hintergrund seine Kolleginnen und Kollegen unterhalten. Ebenso oft ist es zu beobachten, dass diejenigen aus dem Präsentationsteam, die noch auf ihren Einsatz warten, in ihren Manuskripten blättern, anstatt die Präsentation mit zu verfolgen.

Ich habe es sogar schon erlebt, dass Mitglieder aus dem Team das Gesicht verziehen, die Augenbrauen hochziehen und offensichtliche Unmutsbekundigungen von sich geben, wenn der- oder diejenige, der vorne gerade spricht, einen vermeintlichen Fehler gemacht hat. – Als Zuhörer habe ich das nie gemocht.

Das Beste was Sie tun können, wenn Sie in einem Team präsentieren und gerade nicht selbst vortragen, ist, aufmerksam dem Menschen zuzuhören, der gerade spricht. Sie unterstützen damit nicht nur Ihre Kollegin bzw. Ihren Kollegen, Sie geben damit dem Publikum auch eine Idee, wie es sich verhalten kann.

Unterstützen Sie Ihre Teamkollegen

8.5 Umgang mit Unstimmigkeiten

In einer Team-Präsentation kann es immer wieder zu Unstimmigkeiten kommen. Das an sich ist noch kein Problem, entscheidend ist die Art, wie Sie innerhalb des Teams damit umgehen, wenn zum Beispiel jemand vorne nicht das erzählt, was er erzählen soll oder wenn durch viele Zwischenfragen der Zeitplan nicht mehr stimmt.

im Bedarfsfall souverän eine kurze Auszeit zur internen Abstimmung einleiten

Dann kann es notwendig sein, dass Sie eine kurze interne Abstimmung vornehmen müssen. Bevor Sie nun anfangen zu tuscheln oder irgendwelche Geheimzeichen auszutauschen, ist es am souveränsten, wenn Sie einfach eine kurze Auszeit nehmen.

Mit den Worten:
»*Ich bitte Sie um einen Augenblick Geduld, wir müssen gerade eine kurze Frage zum weiteren Ablauf abstimmen*«, können Sie die Köpfe zusammenstecken, um dann anschließend neu und strukturiert fortzufahren.

9 Umgang mit Pleiten, Pech und Peinlichkeiten

SIE ERHALTEN IN DIESEM KAPITEL ...
... nach den vorangegangenen Empfehlungen zum Gelingen Ihrer Vorträge, nun noch die letzten Tipps, falls einmal etwas nicht gelingt.

Früher, wenn die römischen Feldherren von ihren siegreichen Schlachten zurückkehrten und auf ihren Pferdewagen ihren Triumphzug durch die Stadt veranstalteten, stand hinter ihnen auf dem Wagen ein Geistlicher, der regelmäßig die Worte sprach: »*Bedenke, Du bist nur ein Mensch!*«

Vielleicht ist das das Wichtigste beim Umgang mit Fehlern. Sie sind ein Mensch, in Ihrem Publikum sitzen Menschen – und Menschen sind nicht perfekt. Wenn Sie es sich erlauben können, auch einmal einen Fehler zu machen, wenn Sie dies vielleicht sogar öffentlich eingestehen können, haben Sie gute Grundvoraussetzungen, um mit den nachfolgenden Herausforderungen umzugehen.

9.1 Verzögerungen

BEISPIEL:

Sie finden eine Folie nicht oder die Tapes sind nicht an den richtigen Punkt gespult.

EMPFEHLUNG:

- Nicht zwei Sachen gleichzeitig machen, d.h. nicht weitersprechen und dabei versuchen, etwas zu suchen oder zu reparieren.
- Mit den Worten *»Einen kleinen Moment bitte…«* sich kurz ganz dem Problem zuwenden, um dann wieder ganz bei dem Publikum zu sein.
- Sofern es länger dauert, können Sie auch eine kurze »Zigarettenpause« einberufen.
- Oder: Sie entscheiden sich bewusst loszulassen, das heißt zum Beispiel diese Folie jetzt nicht einzusetzen. Es ist dabei sehr hilfreich, wenn Sie auch in Gedanken loslassen und sich mit all Ihrer Energie auf den nächsten Punkt konzentrieren.

9.2 Technische Pannen

BEISPIEL:

Der Overhead-Projektor fällt aus oder der Beamer/das Video funktionieren nicht.

EMPFEHLUNG:

- Kündigen Sie eine Pause an und rufen Sie sofort jemanden zur technischen Unterstützung.
- Entscheiden Sie sich nach einer selbst definierten Zeit, die Möglichkeit der Reparatur loszulassen und entscheiden Sie in Anbetracht der Wichtigkeit dieser technischen Unterstützung für Ihre Präsentation, ob Sie die Inhalte ohne dieses

Kündigen Sie eine Pause an

Medium präsentieren oder ob Sie die Präsentation verschieben.

9.3 Das Timing stimmt nicht

BEISPIEL:

Ihr Vorredner hat überzogen. Sie selbst haben nicht ausreichend auf Ihren Zeitplan geachtet oder durch zu viele Zwischenfragen haben Sie Zeit verloren.

EMPFEHLUNG:

Versuchen Sie keinesfalls, alle geplanten Inhalte in deutlich kürzeren Zeit vorzutragen

- Versuchen Sie auf keinen Fall, alle geplanten Inhalte in einer deutlich kürzeren Zeit vorzutragen. Dies überfordert Sie und Ihre Zuhörer.

- Erste Möglichkeit: Sie sprechen das Problem offen an und fragen, ob Ihr Publikum bereit ist, 20 Minuten länger zu bleiben. Stellen Sie diese Frage, sobald Sie feststellen, dass es notwendig ist und nicht erst am Ende Ihrer Präsentation, wenn sich die Teilnehmer bereits innerlich auf das Ende eingestellt haben.

- Zweite Möglichkeit: Sie entscheiden sich, einen bestimmten Bereich Ihrer Präsentation auszulassen – lieber »sauber ein Stück von dem Kuchen herausschneiden«, als »den ganzen Kuchen mit Hast essen«.

Kündigen sie offen eine Änderung des Ablaufs an

- Sie können das auch offen ankündigen:
»*Wir hatten nun gerade eine lebhafte Diskussion. Dies hat einige Zeit gekostet, und ich schlage vor, dass wir Punkt 4 der heutigen Präsentation überspringen und dann direkt mit Punkt 5 weitermachen. Sie können die Informationen zu Punkt 4 in den Handouts nachlesen, die ich anschließend austeilen werde.*«

9.4 Inhalte stimmen nicht

BEISPIEL:

Einige der Daten, die Sie in Ihrer Präsentation zugrunde gelegt haben, stimmen nicht. Sie werden in Frage gestellt oder bestimmte Annahmen von Ihnen erweisen sich als falsch.

Inhalte stimmen nicht

Empfehlung:

- Prüfen Sie zunächst, inwieweit Ihr Argumentationsgebilde trotzdem stehen bleiben kann, auch wenn eine von mehreren Säulen nicht mehr trägt.
- Sie können dann z.B. sagen:
»Ja, Sie haben Recht, es kann sein, dass diese Annahme zu niedrig/zu hoch liegt. Ich schlage Ihnen vor, dass ich Ihnen trotzdem zunächst die vollständige Empfehlung vorstelle und wir anschließend gemeinsam darauf schauen können, inwieweit die Ergebnisse durch eine Korrektur der Annahme variiert werden müssen.«

9.5 Hängenbleiber

Beispiel:

Ein bestimmter Punkt, ein Wort oder ein Argument fällt Ihnen nicht ein.

Empfehlung:

- Bedenken Sie, dass Ihr Publikum gar nicht immer weiß, was Sie alles genau sagen wollen. Im Zweifelsfall überspringen Sie einfach den Punkt.
- Manchmal wird empfohlen, Zeit zu gewinnen, indem Sie z.B. eine kurze Zusammenfassung machen oder das Publikum auffordern, Fragen zu den bisherigen Inhalten zu stellen. Tun Sie dies nur, wenn es einigermaßen schlüssig in Ihre Vortragsdramaturgie passt.
- Bevor es offensichtlich wird, dass Sie Zeit schinden, sprechen Sie es offen an:
»Ich wollte Ihnen hierzu noch ein weiteres Beispiel nennen, ich komme jetzt im Moment aber nicht darauf. Es wird mir sicherlich gleich einfallen – jetzt fahre ich zunächst fort mit ...«

Überspringen Sie wenn möglich den Punkt

9.6 Blackout

Beispiel:

Ihnen reißt sprichwörtlich der rote Faden – Sie sind verwirrt und wissen nicht mehr, was der nächste Punkt ist.

Umgang mit Pleiten, Pech und Peinlichkeiten

Empfehlung:

- Beachten Sie die Hinweise zur Entstehung von Blackouts in Teil A, Kap. 3.6: falsche Atmung und innere Zerrissenheit.

Atmen Sie bewusst und tief durch

- Achten Sie in jedem Fall auf Ihre Atmung, atmen Sie bewusst und tief durch.

- Wenn dies nicht hilft, prüfen Sie, ob Sie Ihre Zuhörer eine Zeit lang anders beschäftigen können, z. B. dass sie etwas erarbeiten, sich etwas anschauen, in den Handouts etwas lesen etc.

Schlagen Sie eine kurze Pause vor

- Oder sagen Sie einfach offen:
  »*Ich merke, ich muss den weiteren Ablauf kurz für mich noch einmal sortieren; ich schlage vor, wir machen eine fünfminütige Pause.*«

- Bewegen Sie sich in dieser Pause; gehen Sie weg von dem Platz, an dem Sie gerade stehen. Atmen Sie zunächst eine Minute nur tief durch, um wieder zu einer körperlichen Entspannung zu kommen und schauen dann erst wieder in Ihr Vortragsmanuskript.

9.7 Störungen

Beispiel:

Ich habe es einmal erlebt, dass bei einem Vortrag vor einer kleinen Gruppe, ich glaube, es waren acht Personen, einer Zuhörerin ein Wasserglas umgekippt ist. Sie nahm sich Papiertaschentücher und begann, das Wasser aufzuwischen, daraufhin stand eine zweite Zuhörerin auf, um ihr dabei zu helfen. Schließlich knieten beide Damen auf der Erde, um auch eine Tasche und weitere Unterlagen von dem Wasser zu trocken. Praktisch alle weiteren Teilnehmer schauten mehr auf dieses Spektakel als auf den Menschen, der vorne stand und einfach ohne Unterbrechung weitersprach.

Empfehlung:

- Die beste Reaktion bei kleinen Störungen ist, einfach eine kurze stille Pause zu machen, um dann möglichst bald wieder weiterzusprechen.

STÖRUNGEN

- Gleiches gilt, wenn jemand zu Ihrem Vortrag zu spät kommt. Am besten hat sich in der Praxis bewährt, einfach einen Augenblick zu warten; den Menschen anzulächeln oder zu begrüßen und dann, wenn er seine Entschuldigung öffentlich oder am Ohr seines Nachbarn losgeworden ist, im Thema fortzufahren. Sofern es ein für dieses Treffen wichtiger Mensch ist, können Sie kurz zusammenfassen, wo Sie gerade stehen.

9.8 Nebengespräche

BEISPIEL:
Während Sie vorne präsentieren, unterhalten sich zwei oder mehr Teilnehmer leise untereinander.

EMPFEHLUNG:
- Dies kommt natürlich regelmäßig bei Vorträgen und Präsentationen vor. Entscheiden Sie, ob es überhaupt notwendig ist zu reagieren. Wenn Sie vor 50 Teilnehmern präsentieren, sollten Sie gar nicht bis sehr spät reagieren, wenn Sie vor 5 Teilnehmern sprechen, sehr viel früher.
- Überprüfen Sie, ob Sie Ihr Publikum gerade direkt ansprechen (direkte Zuhöreransprache), ob Sie gerade in der »Sie-Form« sprechen. Falls nicht, versuchen Sie, so bildhaft wie möglich Ihre Zuhörer direkt in Ihr Thema einzubeziehen.

Versuchen Sie, abgelenkte Zuhörer direkt in Ihr Thema einzubeziehen

- Benutzen Sie Schlüsselworte, die geeignet sind, die betreffenden Menschen hellhörig zu machen. Erwähnen Sie z. B. etwas aus dem Ressort oder Zuständigkeitsbereich dieser Menschen oder beziehen Sie sich auf etwas, was diese vielleicht vorher zu dem Thema gesagt haben.
- Je kleiner die Gruppe ist, desto eher empfiehlt es sich, die Randgespräche direkt anzusprechen:
»*Ich sehe, dass Sie gerade Abstimmungsbedarf haben; inwieweit brauchen Sie gerade einen Augenblick Zeit dafür?*«
Ihre innere Haltung und damit Ihre Betonung sollte dabei freundlich und einladend sein, nicht die eines strafenden Oberlehrers.

9.9 Es entsteht eine offene Diskussion

BEISPIEL:

Sie oder ein Teilnehmer haben eine polarisierende Aussage gemacht. Es gibt sofort eine Antwort aus dem Publikum und auf diese Antwort wird wieder aus dem Publikum reagiert. Nach und nach sind immer mehr Menschen an dieser Diskussion beteiligt.

EMPFEHLUNG:

- Beachten Sie das wichtigste Grundprinzip der Moderation:

LASSEN SIE DAS GESCHEHEN, WAS GERADE GESCHEHEN MUSS – UND STEUERN SIE ES SELBST!

- Lassen Sie die Diskussion eine Zeit lang laufen.
- Wenn die Menschen durcheinander sprechen, wechseln Sie bewusst von Ihrer Rolle als Vortragender in die eines Moderators, d.h., steuern Sie jetzt AKTIV die Diskussion. Schützen Sie beispielsweise den, der gerade spricht: »*Einen Moment bitte, jetzt spricht gerade Herr Müller – Herr Schulz, Sie können direkt anschließend Ihre Gegenmeinung vorbringen.*«
- Je aktiver Sie die Diskussion leiten, desto stärker bleibt die Aufmerksamkeit bei Ihnen und erleichtert es Ihnen, später wieder selbst das Wort zu ergreifen.
- Kündigen Sie nach einer gewissen Zeit an: »*So, ich schlage vor, wir hören jetzt noch ein, zwei weitere Meinungen, und dann möchte ich das Ganze für Sie einmal zusammenfassen!*«
- Danach können Sie sich gewissermaßen wieder selbst einmoderieren. Sofern die Inhalte und Ergebnisse der Diskussion keinen Einfluss auf Ihren Ablaufplan haben, können Sie als nächstes einordnen, wo Sie gerade stehen: »*So, Sie hörten als letztes von mir ... daraufhin hat sich eine intensive Diskussion ergeben. Wichtige Punkte, die hier ganannt wurden, sind ... Die nächsten Informationen, die Sie heute zu diesem Thema bekommen, sind folgende ...*«

Wechseln Sie in die Rolle des Moderators und versuchen Sie die Diskussion aktiv zu steuern

Es entsteht eine offene Diskussion

- Sofern offene Diskussionspunkte bestehen, hilft es, diese für das Publikum nachvollziehbar festzuhalten, z. B. auf dem Flipchart unter der Überschrift »Noch zu klärende Punkte« oder »Themenspeicher«. Das kann den Teilnehmenden helfen, sich wieder zu entspannen, da Sie somit deutlich machen, dass diese Punkte nicht in Vergessenheit geraten, sondern zu einem späteren Zeitpunkt angegangen werden.

Schließlich, bedenken Sie immer:

Ihre Reputation wird nicht durch Pannen gefährdet, höchstens durch Ihre Reaktion darauf!

Teil C Der Medieneinsatz

Vom Sinn und Unsinn des Medieneinsatzes

SIE ERHALTEN IN DIESEM KAPITEL ...

... die Gelegenheit, sich noch einmal die Ziele einer gelungenen Visualisierung vor Augen zu führen, um anschließend die richtigen Konsequenzen für deren Einsatz und die Gestaltung zu ziehen.

1.1 Nutzen und Grenzen

Es ist wunderbar, was heutzutage technisch alles möglich ist. Und es ist erstaunlich, welche absurden Ausmaße die Rolle der Medien manchmal bekommt. Da gibt es Folien oder Flipcharts, auf denen steht »Guten Tag«, »Vielen Dank« oder »Auf Wiedersehen«. Diese ur-menschlichen Beziehungsaussagen werden von der Person des Redners abgeschnitten und ihrer emotionalen Möglichkeiten beraubt.

Oder was würden Sie von einem Außendienstmitarbeiter halten, der Ihnen bei der Begrüßung eine Visitenkarte in die Hand gibt, auf der *»Einen schönen guten Tag«* steht, der dann direkt zur Sache kommt und Ihnen am Schluss noch ein Informationsblatt in die Hand drückt, auf dem in der letzten Zeile steht *»Vielen Dank und Auf Wiedersehen«*?

Die Kunst der Visualisierung liegt nicht darin, die Fülle der zur Verfügung stehenden Informationen abzubilden, sie liegt auch nicht im radikalen Weglassen.

Die Kunst der Visualisierung liegt darin, keine Konkurrenz, sondern eine Unterstützung für Ihre persönliche Überzeugungskraft zu schaffen.

Nicht ohne Grund zahlen Menschen im Theater mehr Eintritt als im Kino. Die persönliche Ausdruckskraft des Menschen

Nutzen und Grenzen

in der reichhaltigen Fülle der Möglichkeiten erzeugt tiefere Resonanzen als jedes projizierte Bild.

Die persönliche Ausdruckskraft des Menschen erzeugt tiefere Resonanzen als jedes projizierte Bild

1.2 Ziele der Visualisierung

Die Wahrnehmungsforschung hat immer wieder belegt, dass Hören *und* Sehen die Aufnahme von Informationen deutlich verbessert – im Gegensatz zum alleinigen Lesen, Hören oder Sehen.

Es ist gut, verschiedene Sinne anzusprechen und das Wort im Ohr mit dem entsprechenden Bild im Sinn kann einen starken Eindruck schaffen.

Dabei gibt es verschiedene Möglichkeiten, diese Bilder zu erzeugen:

- Zu allererst durch eine bildhafte Sprache,
- durch Bilder auf Leinwänden, Flipcharts und Präsentationspappen,
- und natürlich durch den Einsatz realer Modelle, Produkte oder Verkostungsmuster, denn das, was Menschen anfassen, schmecken oder riechen, können sie sich vertraut machen.

Ziele der Visualisierung

- den Erklärungsaufwand verkürzen
- Zusammenhänge verdeutlichen
- Orientierungshilfen geben
- komplexe Inhalte verständlicher machen
- Abläufe deutlich machen
- wichtige Zahlen und Statistiken lesbar veranschaulichen
- technische Professionalität ausdrücken

Gerade der letztgenannte Punkt ist in manchen Situationen nicht zu unterschätzen. Manchmal gibt es einfach eine Erwartungshaltung zu dem, was in bestimmten Situationen üblich ist. Dass Sie heutzutage zu einem wichtigen Kunden kaum mit handgeschriebenen Folien gehen, ist selbstverständlich. Genauso selbstverständlich wird in der Regel er-

der Erwartungshaltung des Publikums entsprechen

wartet, dass z.B. Unternehmen der Medienbranche Selbstdarstellungen auf dem höchsten technischen Standard präsentieren, mit PC, Beamer, Video und allem Drum und Dran.

2 Zusammenspiel von Mensch und Technik

Sie erhalten in diesem Kapitel ...
... maßgebliche Hinweise zum wirkungsvollen Zusammenspiel zwischen gesprochenem Wort und Visualisierungen.

»Wenn du etwas so machst, wie du es seit 10 Jahren gemacht hast, dann sind die Chancen recht groß, dass du es falsch machst.«
(Charles Kettering)

2.1 Wort und Bild

Das wichtigste Prinzip in Bezug auf den Einsatz von Visualisierungen ist:

Schaffen Sie sich keine Konkurrenz zu Ihrem gesprochenen Wort!

Entweder Sie unterstützen Ihre Worte mit den Bildern an der Wand oder Sie kommentieren die Bilder an der Wand mit Ihren Worten. Es ist ermüdend für die Teilnehmenden und und dem Ansehen des Vortragenden abträglich, wenn jemand sich darauf reduziert, die an die Wand projizierten Texte vorzulesen.

Weiterhin gilt der Grundsatz:

Keine visuelle Ablenkung während der Eröffnung und des Abschlusses!

Wort und Bild

Diese Phasen sollten zum persönlichen Kontakt mit den Zuhörerinnen und Zuhörern genutzt werden. Wenn Sie ganz zu Beginn Ihres Vortrags nicht als Mensch in Erscheinung treten, besteht die Gefahr, dass die Aufmerksamkeit über Ihren gesamten Vortrag auf die Leinwand fokussiert bleibt. Ebenso ist es eine vertane Chance, wenn bei Ihrem vorgebrachten Abschlussappell nicht die volle Aufmerksamkeit bei Ihnen ist. Da die Aufmerksamkeit Ihres Publikums bei Visualisierungen immer zunächst für einige Sekunden durch die Aufnahme und Verarbeitung der optischen Botschaft gebunden ist, sollten Sie niemals gleichzeitig weitersprechen, während Sie ein neues Bild zeigen.

Eröffnung und Schlussappell sollten zum persönlichen Kontakt mit dem Publikum genutzt werden

Im Grunde gibt es genau zwei Möglichkeiten für das richtige Zusammenspiel von Wort und Bild:

zwei Möglichkeiten für das richtige Zusammenspiel von Wort und Bild

Erste Möglichkeit

1. Sie beschreiben einen Sachverhalt.
2. Anschließend legen Sie eine Folie auf, die diesen Sachverhalt zusammenfasst oder in einem Bild veranschaulicht.

Zweite Möglichkeit

1. Sie legen eine Folie auf, die eine Information vermittelt.
2. Sie erläutern nach einer Pause diese Folie durch Ihre Anmerkungen, Kommentare, Hervorhebungen und Hinweise auf wichtige Punkte etc.

In beiden Fällen sprechen Sie nicht in den ersten Sekunden, während das neue Bild an der Wand ist.

Die dritte Möglichkeit, bei der Sie eine Folie auflegen und diese gleichzeitig vorlesen, gibt es nicht! Da jeder Mensch sowieso seine eigene Lesegeschwindigkeit hat, ist dies vergebene Liebesmüh.

2.2 Blick und Bild

Sprechen Sie nur dann zu Ihrem Publikum, wenn Sie tatsächlich Blickkontakt aufgebaut haben. Das heißt, schweigen Sie, während Sie das Schaubild wechseln oder während Sie sich umdrehen um zu kontrollieren, ob das Bild richtig an die Wand projiziert wurde. Diese Pausen helfen Ihnen, kurz in

Sprechen Sie nur dann zu Ihrem Publikum, wenn Sie Blickkontakt aufgebaut haben

Ruhe durchzuatmen und sie helfen Ihren Zuhörerinnen und Zuhörern, das gerade Gesagte sacken zu lassen.

Wenn Sie daran gewöhnt sind, mit einer Zeigehilfe (Zeigestock oder elektronischer Pointer) an der Leinwand zu arbeiten, bedenken Sie auch hierbei, beim Sprechen dem Publikum nicht den Rücken zuzukehren. Dieser Hinweis wird von manchen Menschen als so wichtig erachtet, dass sie hierfür eine eigene »Technik« entwickelt haben.

Und das geht so:

> **»Touch-turn-talk«-Technik von Hierhold:**
>
> TOUCH: Sie blicken zur Leinwand. Mit Ihrer Hand/Zeigehilfe berühren Sie schweigend den Punkt, den Sie erklären wollen.
>
> TURN: Ihre Hand/Zeigehilfe verweilt auf dem Punkt, während Sie sich wieder zum Publikum drehen.
>
> TALK: Erst, wenn Sie den Blickkontakt wieder aufgenommen haben, beginnen Sie mit dem Sprechen.

3 MEDIENAUSWAHL UND GESTALTUNG

SIE ERHALTEN IN DIESEM KAPITEL ...

... praxisnahe Anregungen, Ideen und Erfahrungen im Einsatz verschiedener Medien.

»Was überhaupt wert ist, getan zu werden,
ist es auch wert, ordentlich getan zu werden.«
(LORD CHESTERFIELD)

3.1 Auswahlkriterien für Präsentationsmedien

Im Folgenden geht es nicht darum, Ihnen einen vollständigen Überblick über alle Eigenarten, Vor- und Nachteile der unterschiedlichen Visualisierungstechniken zu geben. Zum einen gibt es häufig unternehmensinterne oder branchen-

Auswahlkriterien für Präsentationsmedien

spezifische Standards, die bestimmte Präsentationsformen nahe legen. Darüber hinaus ist davon auszugehen, dass die meisten von Ihnen wissen,

- dass der »Overhead-Projektor ein Medium für Folien ist« (Zitat aus einem aktuellen Ratgeber zu Präsentationen),
- dass ein Overhead-Projektor flexibler ist als eine Diaprojektion,
- dass Folien bei Tageslicht eingesetzt werden können und ihre Reihenfolge spontan geändert werden kann
- und auch, dass die Gefahren von technischen Problemen bei PC-Präsentationen über einen Beamer am größten sind.

Viel wichtiger ist, dass Sie sich rechtzeitig über folgende Fragen klar werden:

> **Auswahlkriterien für Präsentationsmedien**
> - Welche Standards erwartet Ihr Publikum oder gibt Ihr Unternehmen vor?
> - Welche technischen Möglichkeiten bieten Ihnen die Räumlichkeiten?
> - Wie viele Teilnehmer erwarten Sie?
>   (Flipcharts nur bis max. 25–30 Teilnehmern einsetzen)
> - Präsentieren Sie fertige Informationen oder wollen Sie etwas erarbeiten?
>   (aktive Teilnehmereinbindung mit Flipcharts, Pinwänden und bedingt auch mit PC-Präsentationen und unbeschrifteten Folien möglich)
> - Müssen für Diskussionen verschiedene Bilder nebeneinander gestellt werden können?
>   (z.B. Flipchartblätter oder vergrößerte Charts an die Wand heften)

Letztendlich lebt eine überzeugende Präsentation von einem gelungenen Wechselspiel der Präsentationsmedien. Wenn Sie mit einer persönlichen Einleitung beginnen, danach ein kurzes Video zeigen, anschließend eine foliengestützte Präsentation halten, in deren Mittelteil Sie einige Produktmuster

wirkungsvolles Wechselspiel der Präsentationsmedien

ausgeben und wenn Sie dann noch am Ende einen guten und frei vorgetragenen Abschluss bringen, kann Ihr Publikum nur noch feststellen: »*Belebend und eine gelungene Gesamtdramaturgie!*«

3.2 Gestaltung

Dass Ihre Visualisierungen auch von der letzten Reihe lesbar sind, sollte selbstverständlich sein. Dass alle Referenten dies rechtzeitig prüfen, ist leider nicht selbstverständlich. Damit dies sichergestellt ist:

- Schreiben Sie groß und lesbar.
  (Wenn Sie nicht lesbar schreiben können, üben Sie dies!)
- Benutzen Sie schnörkelfreie Computerschriften, die ebenfalls lesbar sind.
  (Schriftgröße mindestens 20 Punkt!)
- Benutzen Sie kräftige Farben mit deutlichen Kontrasten.
- Schreiben Sie immer in Groß- und Kleinschrift.

Bei der konkreten Gestaltung der einzelnen Bilder, egal ob dies ein Flipchart, eine Folie oder eine PC-Projektion ist, beachten Sie die goldene Regel der Gestaltung:

MAXIMAL FÜNF INFORMATIONEN PRO BILD!

Das heißt maximal fünf verschiedene Gedankenpunkte pro Einzelbild bzw. fünf Aufzählungspunkte in Übersichten. Vielleicht entsinnen Sie sich an die Hinweise zu den Argumentationsstrukturen (Teil B, Kap. 3.2): lediglich ca. fünf Elemente sind die Menge, die Menschen problemlos gleichzeitig wahrnehmen können.

Alle weiteren Empfehlungen zur Gestaltung von Visualisierungen lassen sich in vier Dimensionen der Verständlichkeit zusammenfassen:

- EINFACHHEIT
- GLIEDERUNG UND ORDNUNG
- KÜRZE UND PRÄGNANZ
- ZUSÄTZLICHE STIMULANZ

GESTALTUNG

Die vier Verständlichkeitsmacher

EINFACHHEIT
übliche Symbole, verständliche Worte, konkrete und bildfähige Worte, kurze Sätze, logische Ablaufpläne

GLIEDERUNG
optische Orientierungshilfen, gedankliche Übersichten schaffen (z.B. Einteilung in Gruppen, Phasen, Bereiche etc.), Zwischenübersichten schaffen (Wo stehen wir gerade?)

KÜRZE UND PRÄGNANZ
treffsichere Signalworte benutzen, auf die Kerninformation konzentrierte Aussagen, konkrete Entscheidungsmöglichkeiten anbieten, merkfähige Zusammenfassung am Schluss

ZUSÄTZLICHE STIMULANZ
belebende Bilder einsetzen, gegebenenfalls bewegte Bilder einsetzen, akustische Anreize (z.B. Hintergrundmusik bei Videoanimationen), abwechslungsreiche Medienauswahl

---

4 TECHNIK – KONTROLLE STATT VERTRAUEN

SIE ERHALTEN IN DIESEM KAPITEL ...

... Hinweise aus der Praxis, die Sie beim Einsatz von Präsentationsmedien vor bösen Überraschungen bewahren können.

»Alles, was schief gehen kann, geht schief!«
(MURPHYS GESETZ)

Die Praxis sieht ungefähr so aus: Entweder fehlt im Tagungshotel der bestellte Videorecorder oder ein anderes Gerät völlig; wenn es da ist, ist garantiert die Fernbedienung nicht

Der Teufel steckt im Detail

Technik – Kontrolle statt Vertrauen

mit dabei, sofern diese auffindbar ist, stellen Sie fest, dass die Batterien darin leer sind – und wenn schließlich alle Schäden behoben ist, heißt dies noch lange nicht, dass Ihnen irgendjemand erklären kann, auf welchem Kanal Sie das Video nun auch sehen können.

Wenn Sie vor Ihrem Publikum lieber damit glänzen, dass Sie alles professionell im Griff haben als dass Sie gut mit technischen Problemen umgehen können, empfiehlt sich bei wichtigen Vorträgen und Präsentationen eine dreistufige Kontrolle. Diese können Sie selbst durchführen, durchführen lassen oder an einen anderen Menschen delegieren, der Ihr uneingeschränktes Vertrauen hat. (Dies können leider nicht die Mitarbeiterinnen und Mitarbeiter eines Tagungshotels sein, die Ihnen am Telefon sagen: »Ja, ja, es ist alles in Ordnung – genau wie Sie es bestellt haben ... Den Videorecorder? ... Ja, wenn Sie den bestellt haben, wird er wohl auch im Raum sein!?«)

Eine dreistufige Kontrolle hilft Pannen zu verhindern

Der 3-Stufen-Check

1. Stufe: Zeitpunkt – grundsätzlich vorab

- Welche Geräte werden benötigt?
- Welche Geräte sind vorhanden?
- Sind die vorhandenen Geräte funktionstüchtig?
- Sind die Geräte in dem vorgesehenen Raum einsatzfähig?

2. Stufe: Zeitpunkt – beim Probelauf

- Funktionieren die Übergänge von einem Präsentationsmedium zum anderen reibungslos?
- Wie lange brauchen mögliche Verdunkelungen/Änderungen der Lichtverhältnisse?
- Wie verändern sich dadurch die Sichtverhältnisse?
- Wie ist die Akustik im Raum?

3. Stufe: Zeitpunkt – am Abend/Morgen vorher

– exakt dann, wenn kein Hausmeister/Putzteam oder andere Personen mehr etwas verändern können und noch Zeit für letzte Maßnahmen existiert:

- Stehen die Projektionsmedien genau am richtigen Platz?

Technik – Kontrolle statt Vertrauen

- Sind die bestellten Verlängerungsschnüre tatsächlich da?
- Stimmen alle Einstellungen der technischen Geräte (Kanäle, Lautstärke, Bildschärfe etc.)?
- Funktioniert die Ersatzbirne im Projektor?
- Ist die Reihenfolge der Folien richtig?
- Sind die Tapes an die richtige Stelle gespult?

Praxistipp
Bringen Sie immer Back-up-Material mit, das es Ihnen ermöglicht, auch bei einem Ausfall der geplanten Technik die Präsentation weiterzuführen.
- Wenn Sie vom PC über einen Beamer präsentieren, bringen Sie in jedem Fall einen Satz Folien mit.
- Wenn Sie eine Folienpräsentation planen, bringen Sie in jedem Fall einen Satz Kopiervorlagen mit.

5 Rahmenplanung und Organisation

Sie erhalten in diesem Kapitel ...

... kurz vor Schluss noch wichtige Hinweise und übersichtliche Checklisten zum ganzen »Drumherum« – mit der Zielsetzung, möglichst viele Faktoren bewusst zu erfassen, um diese auch zielgerichtet mitgestalten zu können.

So manche Rednerin und mancher Redner sind schon ins Schwitzen gekommen, weil sie zu wenig Informationen über die Rahmenbedingungen ihres Vortrags hatten. Oft geben sich Menschen, die einen Vortrag halten, mit den gegebenen Bedingungen und Ablaufplänen zufrieden, ohne die Möglichkeit zu nutzen, alles so zu arrangieren, wie es wirklich am besten für ihr Anliegen geeignet ist.

Rahmenplanung und Organisation

Wenn eine große private Geburtstagsfeier ansteht, machen sich die meisten Menschen ausgiebig Gedanken darüber, wo die Feier stattfinden soll, wann der geeignete Zeitpunkt ist und auch darüber, was sie ihren Gästen anbieten wollen. Wenn Sie vor Ihrer Party Tische und Stühle ausräumen, so werden Sie eine andere Stimmung erzeugen, als wenn Sie quer durch den Raum eine große, festlich gedeckte Tafel auftischen. Und ob Ihre Party nun am Freitagabend oder am Sonntagvormittag stattfindet, hat ebenfalls einen großen Einfluss auf die Stimmung.

die Rahmenbedingungen eines Vortrags vorausschauend gestalten

Ganz genauso selbstverständlich und umfassend empfiehlt es sich, die Rahmenbedingungen eines Vortrags mitzugestalten. Hierfür erhalten Sie vier Checklisten mit den wichtigsten Fragen.

5.1 Checkliste Zeitrahmen

So sichern Sie Ihren Zeitrahmen

✔ Wann ist für Ihr Anliegen der richtige Zeitpunkt?
Wollen Sie beispielsweise hitzige Gemüter ruhig halten, ist ein Vortragstermin NACH der Mittagspause besser geeignet als VOR der Mittagspause; am Montagvormittag sind viele Menschen sehr handlungsorientiert; am Freitag (nicht zu spät) ist manchmal der richtige Raum für entspannte Themen.

✔ Gibt es Zeitbedarf für einen Austausch der Teilnehmer vor dem Start des Vortrags?
Immer dann, wenn Menschen zusammenkommen, die Austauschbedarf haben und sich nicht so oft regelmäßig sehen (z. B. Vertriebsmitarbeiter), empfiehlt es sich, einen Vor-Programmpunkt vor Ihrem Vortrag einzurichten (z. B. ein gemeinsames Abendessen am Abend vorher).

✔ Wie viel Zeit haben oder benötigen Sie für Ihren Vortrag?
Ist zusätzliche Zeit für Zwischenfragen und ggf. eine anschließende Diskussion eingeplant?

CHECKLISTE ZEITRAHMEN

- ✔ Haben Sie den Ablaufplan in zumutbare Blöcke eingeteilt?
  Richtschnur: Kein einzelner Redner spricht länger als 45 Minuten am Stück, und die maximale Zeit zwischen zwei Pausen sollte ca. 1,5 Stunden betragen.

- ✔ Haben Sie ausreichend Zeit eingeplant, um die Technik zu kontrollieren und um sich mit dem Raum vertraut zu machen?

- ✔ Haben Sie auch noch ausreichend Zeit für Ihre persönliche Einstimmung, bevor Sie die ersten Teilnehmerinnen und Teilnehmer begrüßen müssen?

5.2 Checkliste Raumplanung

So prüfen Sie die räumlichen Gegebenheiten:

- ✔ Ist die Raumgröße ausreichend?

- ✔ Ist die Bestuhlung für die gewünschte Arbeitsatmosphäre angemessen?

- ✔ Wie sind die Luft- und Temperaturverhältnisse?

- ✔ Welchen Einfluss hat die Sonneneinstrahlung auf Ihre Sicht, auf die Sicht Ihres Publikums und auf die Qualität der Bilder an der Leinwand?
  (und zwar nicht zu dem Zeitpunkt des ersten Raum-Checks, sondern zum Zeitpunkt Ihres Vortrags!)

- ✔ Kennen und beherrschen Sie alle Schalter?
  Technik, Licht, gegebenenfalls Klimaanlage, Automatiken zur Verdunklung

- ✔ Haben Sie genug Ablagefläche für Ihr Material?

- ✔ Ist wirklich alles von allen Plätzen sichtbar?
  Setzen Sie sich testweise selbst auf die hinteren und Eckplätze!

RAHMENPLANUNG UND ORGANISATION

5.3 Checkliste Technische Ausstattung

So sichern Sie das einwandfreie Funktionieren der Technik

- ✔ Welche technische Ausstattung brauchen Sie?
- ✔ Welche Ausstattung ist im Raum bereits vorhanden?
- ✔ Wer kümmert sich zuverlässig um die mögliche Ergänzung der technischen Ausstattung?
- ✔ Wie ist Ihr Rednerplatz ausgestattet?
- ✔ Ist ein Mikrofon vorgesehen (mobil oder fest)?
- ✔ Wer prüft wann die Technik?

5.4 Checkliste Material

So sichern Sie, dass alle notwendigen Materialien zur Verfügung stehen

- ✔ Haben Sie neben der gesamten Technik auch das weitere Präsentations-Material auf Vollständigkeit und Funktionsfähigkeit geprüft?
  (Vollständigkeit der Moderationskoffer, Funktionsfähigkeit von Folien- und Flipchartstiften etc.)
- ✔ Sind ausreichend Blöcke und Stifte für die Teilnehmer vorhanden?
- ✔ Sind die Teilnehmerunterlagen in ausreichender Zahl vorhanden?
  Bringen Sie immer einige mehr mit – »Man weiß ja nie«!
- ✔ Sind die Hauptpunkte der Einladung noch einmal auf einer Agenda zusammengefasst, die auch auf allen Plätzen ausgelegt ist?
  Inhalt: Datum, Startzeit, Zeitplan, ggf. Namen der Teilnehmer, Themen, ggf. Zielsetzung

INHALTLICHE GESTALTUNG

6 Teilnehmerunterlagen erstellen

Sie erhalten in diesem Kapitel ...
... zum Ende dieses Buches Hinweise, wie Sie als Unterstützung für Ihre Vorträge angemessene Teilnehmerunterlagen (Handouts) erstellen und wie Sie diese sinnvoll in und nach Ihren Vorträgen einsetzen.

Teilnehmerunterlagen können mit verschiedenen Zielsetzungen erstellt und eingesetzt werden. Je nachdem, welche Zielsetzung Sie verfolgen, werden Umfang und Einsatz variieren. Sie können sich jeweils fragen, welche der folgenden Zielsetzungen für Sie wichtig sind.

Art und Umgfang der Unterlagen richten sich nach der jeweiligen Zielsetzung

Die Teilnehmenden ...
... sollen eine Orientierungshilfe für den Ablauf bekommen.
... können im Vortrag etwas mitverfolgen/miterarbeiten.
... sollen den Vortrag später noch einmal für sich selbst nachvollziehen können.
... sollen nach Ihrem Vortrag zusätzliche Informationen aufnehmen.
... sollen in der Lage sein, anderen (z.B. Mitarbeitern oder Vorgesetzten) die Inhalte Ihres Vortrags zu vermitteln.

6.1 Inhaltliche Gestaltung

Umfang

Je nachdem, welche der oben genannten Ziele Sie mit den jeweiligen Teilnehmerunterlagen verfolgen, fällt die Gestaltung natürlich unterschiedlich aus. Wenn Sie die Inhalte darauf ausrichten, dass die Teilnehmenden selbst Ihren Vortrag nach einiger Zeit noch einmal nachvollziehen können, dann empfiehlt es sich, die Unterlagen so kurz und prägnant wie möglich zu gestalten. Mit Kernaussagen, die in kurzer Zeit abrufbar sind.
Wenn die Unterlagen dagegen dazu dienen, möglicherweise andere Leute in die Thematik mit einzubeziehen, sollten Sie

entsprechend ausführlicher sein. Aber auch hier gilt die Devise: Die Würze liegt nicht in der Länge.

Gestaltung

Eine Präsentation ist eine Präsentation und eine Teilnehmerunterlage ist eine Teilnehmerunterlage. Wenn Sie Ihr Publikum wertschätzen, dann sind Teilnehmerunterlagen nicht identisch mit einem Ausdruck Ihrer Folien bzw. Ihrer PowerPoint-Datei.

Gute Teilnehmerunterlagen sind wie gute Bücher

Gute Teilnehmerunterlagen – auch »Booklets« genannt – weisen viele Parallelen zu einem guten Buch auf. Ein gutes Buch enthält neben übersichtlichen Checklisten und Aufzählungen ab und zu auch vollständige Sätze. Sollten Sie allerdings feststellen, dass Ihre aneinander gereihten Folien tatsächlich einen durchgehenden Fließtext ergeben, so haben Sie zwar ein gutes Booklet, allerdings sind dann Ihre Folien verkehrt.

> **Praxistipp**
>
> In einigen Unternehmen ist es üblich, von wichtigen Präsentationen und Studien sogenannte »Management-Summaries« zu erstellen. Dies ist eine, in der Regel auf eine Seite begrenzte, Kompakt-Zusammenfassung. Dahinter steht der Glaube – oder das Bewusstsein – dass jeder, der ein Manager ist, sich einem wichtigen Thema genau eine Seite lang widmen kann.
>
> Wenn Sie neben den ausführlichen Unterlagen noch eine Management-Summary zusammenstellen, sollten Sie sich bewusst sein, dass
>
> • alle zeitknappen Manager Ihnen dankbar sein werden,
> • auch die nicht-zeitknappen Nicht-Manager Ihre ausführlichen Unterlagen liegen lassen werden.

6.2 Richtiger Einsatz von Teilnehmerunterlagen

Menschen sind grundsätzlich neugierig und wenn Sie ihnen etwas zu Lesen in die Hand geben, werden Sie es normalerweise aufschlagen und zumindest einmal quer durchblättern. Wenn Sie Ihrem Publikum also schon *vor* der Präsen-

Richtiger Einsatz von Teilnehmerunterlagen

tation Handouts geben, werden die Menschen die Inhalte schnell überfliegen und die Kernergebnisse vorweg nehmen. Sie berauben sich damit aller Möglichkeiten für einen spannenden Vortrag und für einen möglichen, vorgesehen »Bäng-Effekt« am Ende Ihrer Präsentation.

Die Grundregel ist:

*Teilnehmerunterlagen immer **nach** dem Vortrag austeilen!*

Zu dieser Regel gibt es nur wenige Ausnahmen, hierzu gehören z. B.:
- umfangreiches Zahlenmaterial, welches im Detail durchgearbeitet werden soll,
- technische Pläne, die mitverfolgt werden müssen,
- konkrete Arbeitsunterlagen, die später durch die Teilnehmenden selbst eingesetzt werden sollen.

Auch hierzu noch einige Tipps aus der Praxis:

> **Praxistipps**
> - Wenn Sie zusätzlich zu der Gliederung im Handout einen separaten Ablaufplan erstellen, können Sie lediglich diesen vorab austeilen, ohne direkt die Katze aus dem Sack lassen zu müssen.
> - Wenn Sie etwas vorab austeilen müssen, können Sie dies in Teilen/Sinnabschnitten schrittweise austeilen. So vermeiden Sie eine zu starke inhaltliche Vorwegnahme und Ablenkung.
> - Wenn Sie etwas zu dem Ausgeteilten sagen wollen, tun Sie das immer, *bevor* Sie anfangen die Unterlagen an das Publikum weiterzugeben. Insbesondere dann, wenn Sie den Menschen sagen wollen, was sie mit den Unterlagen machen sollen bzw. was sie nach dem Erhalt der Unterlagen tun sollen.
> - Versuchen Sie erst gar nicht, in der ersten Minute nach dem Austeilen etwas zu sagen, was alle erreichen soll.

Abschließende Gedanken

»Wohlan, Deine Taschen sind gefüllt.
Was gebrauchst Du noch Deine Augen und Ohren,
wo Du Dein Mundwerk üben willst? –
Nun schmeiß' die Tore auf, reite in die Welt hinaus und
verkünde den Menschen, was in Deinem Herzen klingt!«

Wo stehen Sie jetzt?

Sie haben möglicherweise in diesem Buch Dinge erfahren, die Sie bereits erfolgreich praktizieren; Sie haben hoffentlich einiges Neue entdeckt, was sich auszuprobieren lohnt – und es mag Impulse geben, die Sie zur Zeit nicht für sich sehen.

Jeder Mensch hat einen Heimathafen, den sicheren Grundschatz von Fertigkeiten und Fähigkeiten, den es zu bewahren gilt. Damit stellen Sie sicher, dass Sie die/der bleiben, die/der Sie sind.

Und jeder Mensch hat ein Entwicklungsfeld: Die Lernaufgaben, die gerade für ihn anstehen.

Wie geht es weiter?

So, wie Sie das Schwimmen im Wasser gelernt haben, werden Sie das Sprechen vor Menschen nur vor Menschen lernen.

Wenn Sie sich selbst Gelegenheit zum Üben verschaffen, wenn Sie Ihre Gefühle mutig in Ihre Worte fließen lassen, wenn Sie aus eigener Überzeugungskraft sprechen und wenn Sie zu dem stehen, was Sie sagen, dann haben Sie die Chance, Neues zu erleben, Ihren Erfahrungsschatz zu erweitern und persönlich zu wachsen.

Doch – vergessen Sie niemals die wichtigste aller Kommunikationsregeln. In Anlehnung an das, was C. G. Jung einmal gesagt hat, lautet sie:

»Lernen Sie alles über Kommunikation,
was Sie erfahren können.

Wenn Sie Ihrem Publikum dann gegenüberstehen,
vergessen Sie alle Regeln und Gebrauchsanweisungen

… und begegnen Sie den Menschen!«

Weiterführende Literaturhinweise

- FERRUCCI, PIERRO: Werde was Du bist. Reinbek 2001
  Einführung in die Psychosynthese, ein Buch mit tiefer gehenden Impulsen und Übungen zur Stärkung der Persönlichkeit und zur Entwicklung des eigenen Potenzials.
- GIBRAN, KHALIL: Der Prophet. Zürich/Düsseldorf 1998
  Kein Lehrbuch im eigentlichen Sinne, aber eine Sammlung beispielhafter lebendiger und bildhafter Kurzreden im Rahmen einer erzählten Geschichte.
- HIRSCH, GUNDULA INGRID: Überzeugend frei reden. München 1993
  Für Menschen, die ganz gezielt an ihrer Betonung und Aussprache arbeiten wollen; mit vielen praktischen Sprechübungen; leider auch mit ein paar unglücklichen Hinweisen zur künstlichen Körpersprache.
- LENZEN, ANDREAS: Präsentieren – Moderieren. Berlin 1999
  Auch in dieser 1x1-Ratgeber-Reihe erschienen; mit umfangreichen Ergänzungen zu den Thema Moderation und weiteren Informationen zum professionellen Medieneinsatz.
- SCHULZ VON THUN, FRIEDEMANN: Miteinander reden 3 – Das Innere Team und situationsgerechte Kommunikation. Reinbek 1998
  Eine kompetente und unterhaltsame Vertiefung zum Thema: gezielter Umgang mit kritischen, widersprüchlichen und produktiven inneren Stimmen; gute Unterstützung bei der Integration innerer Teilpersönlichkeiten.
- TUCHOLSKY, KURT: Sprache ist eine Waffe. Reinbek
  Ironische, sprachlich feinsinnige und manchmal bitterböse Reflexionen über die deutsche Sprache; hat bis heute nichts von seiner Gültigkeit verloren.

Ich danke ...

... Walter Bott für seine Ermutigung und seine herzliche und kompetente Unterstützung; Dr. Winfried Prost für seine mächtige Kompetenz im Bereich Rhetorik, von der ich so reichhaltig profitieren durfte; Dr. Volker Buddrus für seine Weisheit zum Umgang mit Gruppen; Petra Hoffmann für Ihren produktiv-kritischen Adlerblick in das Manuskript.

Stichwortverzeichnis

Abschluss 95 ff.
Angriff 133 ff.
Angst 44
Applaus 97
Argumentation 78 ff.
Argumentationsstruktur 79;
 Alternative 82;
 Kette 81;
 Sammlung 82;
 Synthese 82
Argumentationstipp 86
Atmung 34 ff., 41
Aussage, zuhörerorientierte 103
Ausstattung, technische 168
Ausstrahlung 12 ff.

Bäng-Effekt 78
Begrüßung 74
Beispiel 116
Beleidigung 139
Bild 107
Bilderwelt 113
Blackout 41, 151
Blick und Bild 158
Blickkontakt 28, 159
Booklet 170

Dank 97
Dialekt 118
Diskussion, offene 154
Drei-Stufen-Check 164

Einbindung, gefühlsmäßige 102
Einleitung 73 ff.
Einstieg 75
Einwand 124 ff., 129
Energiefluss 17
Entspannungstechnik 39, 52 ff.
Entwicklung, persönliche 43 ff.
Erdung 52
Erfolgserlebnis, inneres 55
Eskalationsstufe 127 ff.

Fachsprache 109
Formulierung, bildfähige 107

Gedankenausrichtung 36
Gefühlsebene 15 f.
Gesamtdramaturgie 78
Gesamtwirkung 10
Geschichte 114
Gestaltung 162
Gestik 23, 26
Glaubenssatz 46
Glaubwürdigkeit 19

Haltung, äußere 24;
 innere 24
Hängenbleiber 151
High-Energy-Typ 33

Identitätsebene 15 f.
Inhalt, falscher 150

Karteikarte 141
Klarheit 20
Komfortzone 49
Kompetenz, rhetorische 98 ff.
Körperausdruck 22 ff.
Körpersprache 22 ff.
Kraftwort 108
Kritik 127 ff., 129 ff.

Lampenfieber 29 ff.
Lampenfieber-Typ 32
Leidenschaft 13
Low-Energy-Typ 33

Machtausübung 136
Management-Summary 170
Manuskript 140 f.
Medienauswahl 160
Medieneinsatz 156 ff.
Mensch 10
Mensch und Technik 158
Moderator 154
Muskelentspannung 59

Nebengespräch 153

Organisation 165

Panne, technische 149
Pars pro toto 15
Präsentationsmaterialien 168
Präsentationsmedien 160
Präsentationstechnik 163

Rahmenplanung 165
Raumplanung 167
Resonanz 14
Rhetorik 98 ff.
Rollentransparenz 146

Satz, kurzer 111
Schachtelsatz 112
Schlussappell 96
Schwingung 14
Selbstausdruck 12
Selbstsicherheit 52
Signal, bewusstes 20;
 unbewusstes 20
Sprache, lebendige
 und kraftvolle 105 ff.
Sprechpause 120
Stand 25, 52 f.

Stegreif-Rede 70
Steigerung 121 ff.
Steigerungsrede 123
Stimmungswechsel 123
Störung 152
Stressreaktion 30
Struktur 78 ff.
Strukturplan 142 ff.
Synthese, offene 87

Teamvortrag 145 ff.
Technik 10
Teilnehmerunterlagen 169 f.
Teufelskreis 56
Textmanuskript 140 f.
Timing, falsches 150
Touch-turn-talk-Technik 160

Überzeugungsebene 15
Überzeugungskraft 12 ff.
Überzeugungssystem 46

Verb 111
Vernunftebene 15 f.
Verständlichkeitsmacher 163
Verzögerung 149
Vielredner 135
Visualisierung 157 f.;
 positive 55 ff.
Vorbereitung, inhaltliche 68 ff.
Vorstellung, persönliche 75
Vortrag 10, 63 ff.;
 längerer 89
Vortragsaufbau 89

Wachstumsfeld 49
Wachstumsschritt 48
Wahrnehmungsbrille 125 ff.
Widerstand 124 ff., 133 ff
Willensskala 51
Wort und Bild 158
Wort, eingerostetes 110;
 konkretes 106;
 kurzes 106;
 überflüssiges 106
Worteinheit 111
Wortschwall 135

Zeitrahmen 166
Ziel, offenes 65;
 verdecktes 65
Zielgruppe 64, 66 ff.
Zielsetzung 64
Zitat 117
Zuhöreransprache,
 direkte 99 ff.
Zwischenfrage 128
Zwischenruf 128

Das professionelle 1x1

Dieter Herbst
PUBLIC RELATIONS
1997. 180 Seiten.
Kartoniert. Mit teils
farbigen Beispielen
13,95 €
ISBN 3-464-49031-9

Dieter Herbst
CORPORATE IDENTITY
1998. 176 Seiten.
Kartoniert. Mit teils
farbigen Beispielen
13,95 €
ISBN 3-464-49032-7

Mike Barowski
TEXTGESTALTUNG
1997. 176 Seiten.
Kartoniert. Mit zahl-
reichen teils farbigen
Beispielen. 13,95 €
ISBN 3-464-49033-5

Joachim W. Steuck
**GESCHÄFTSERFOLG
IM INTERNET**
1998. 176 Seiten.
Kartoniert.
13,95 €
ISBN 3-464-49015-7

Jörg Brandt u. a.
**AKTIV VERKAUFEN –
BESSER VERKAUFEN**
1998. 180 Seiten. Kar-
toniert. Mit zahlreichen
Beispielen. 13,95 €
ISBN 3-464-49036-x

Klaus Schwantes
ZEITARBEIT
2. Aufl. 2000.
172 Seiten.
Kartoniert.
13,95 €
ISBN 3-464-49042-4

Burkhard G. Busch
**AKTIVE
KUNDENBINDUNG**
1998. 176 Seiten.
Kartoniert.
13,95 €
ISBN 3-464-49041-6

Burkhard G. Busch
**ERFOLG DURCH
NEUE IDEEN**
1999. 208 Seiten.
Kartoniert.
15,95 €
ISBN 3-464-49023-8

Andreas Lenzen
**PRÄSENTIEREN –
MODERIEREN**
1999. 176 Seiten.
Kartoniert.
13,95 €
ISBN 3-464-49046-7

Erhard Schätzlein
Ines Rothe
**KUNDENORIENTIERT
KORRESPONDIEREN**
1999. 192 Seiten.
Kartoniert. 13,95 €
ISBN 3-464-49045-9

Hans-Michael Klein
**KUNDENORIENTIERT
TELEFONIEREN**
1999. 176 Seiten.
Kartoniert.
13,95 €
ISBN 3-464-49021-1

Brockhagen/Kowitz
TELEARBEIT
1999. 176 Seiten.
Kartoniert.
13,95 €
ISBN 3-464-49025-4

Dieter Herbst
**INTERNE
KOMMUNIKATION**
1999. 176 Seiten.
Kartoniert.
13,95 €
ISBN 3-464-49038-6

Joachim Steuck
BUSINESS PLAN
1999. 176 Seiten.
Kartoniert.
13,95 €
ISBN 3-464-49028-9

Burkhard G. Busch
**ERFOLG MIT MITAR-
BEITERN IN KLEINEREN
UNTERNEHMEN**
2000. 176 Seiten.
Kartoniert. 13,95 €
ISBN 3-464-49044-0

Mike Barowski
Achim Müller
ONLINE-MARKETING
2000. 176 Seiten.
Kartoniert. 13,95 €
ISBN 3-464-49071-8

Dieter Herbst
**ERFOLGSFAKTOR
WISSENSMANAGEMENT**
2000. 192 Seiten.
Kartoniert. 13,95 €
ISBN 3-464-49072-6

Heinz-Jürgen Herzlieb
**ERFOLGREICH
VERHANDELN UND
ARGUMENTIEREN**
2000. 186 Seiten.
Kartoniert. ca. 13,95 €
ISBN 3-464-49022-x

Das professionelle 1x1

Klaus Beckmann/
Rolf Müller-Martin
**ERFOLGREICHE
MESSEAUFTRITTE**
2000. 176 Seiten.
Kartoniert. 13,95 €
ISBN 3-464-49070-x

Katrin Hansen
**ZEIT- UND
SELBSTMANAGEMENT**
2001. 192 Seiten.
Kartoniert. 13,95 €
ISBN 3-464-49020-3

Dieter Herbst
**ONLINE-PUBLIC
RELATIONS**
2001. 176 Seiten.
Kartoniert. 13,95 €
ISBN 3-464-49075-0

Burkhard B. Busch
Alfred Hölzner
**AKTIEN UND BÖRSE –
61 ANTWORTEN FÜR
EINSTEIGER**
2001. 208 Seiten.
Kartoniert. 13,95 €
ISBN 3-464-49047-5

Friedrich Ulrich
**CHEFFING –
FÜHREN VON UNTEN**
2001. 192 Seiten.
Kartoniert. 13,95 €
ISBN 3-464-49076-9

Brigitte Arms
LOCAL-MARKETING
2001. 176 Seiten.
Kartoniert. 13,95 €
ISBN 3-464-49081-5

Dieter Herbst
**E-BRANDING –
STARKE MARKEN IM NETZ**
2002. 192 Seiten.
Kartoniert. 13,95 €
ISBN 3-464-49078-5

Stephan Schäfer
EVENT-MARKETING
2002. 176 Seiten.
Kartoniert. 13,95 €
ISBN 3-464-49079-3

Hans-Michael Klein
**KONFLIKTE AM
ARBEITSPLATZ**
2002. 184 Seiten.
Kartoniert. 13,95 €
ISBN 3-464-49082-3